¿Hacia dónde vamos?
La sociedad enredada

¿Hacia dónde vamos?
La sociedad enredada

Alfonso Vázquez Atochero

 anthropiQa 2.0

©Alfonso Vázquez Atochero
© anthropiQa 2.0
  Lulu Press Inc (edición compartida)
http://www.anthropiQa.com
editorial@anthropiQa.com
Badajoz, España / Raleigh (North Carolina)

Edición primera, marzo de 2017
I.S.B.N. 978-1-326-96999-8

Los contenidos de este libro están disponibles en el blog ¿hacia dónde vamos? Ciberantropología y comunicación audiovisual, en la web www.alfonsovazquez.com. Es una recopilación de los post publicados en 2015. El texto puede hacer referencia a ilustraciones o vídeos disponibles en el blog. Usted es libre de:

copiar, distribuir y comunicar públicamente la obra

Bajo las condiciones siguientes:

Reconocimiento. Debe reconocer los créditos de la obra de la manera especificada por el autor o el licenciador (pero no de una manera que sugiera que tiene su apoyo o apoyan el uso que hace de su obra).

No comercial. No puede utilizar esta obra para fines comerciales.

Compartir bajo la misma licencia. Si altera o transforma esta obra, o genera una obra derivada, sólo puede distribuir la obra generada bajo una licencia idéntica a ésta.

- Al reutilizar o distribuir la obra, tiene que dejar bien claro los términos de la licencia de esta obra.
- Alguna de estas condiciones puede no aplicarse si se obtiene el permiso del titular de los derechos de autor
- Nada en esta licencia menoscaba o restringe los derechos morales del autor.
- Cada comentario pertenece a su autor. El autor del blog no se hace responsable de las opiniones, ni necesariamente las comparte.

Alfonso Vázquez Atochero
www.ciberantropologia.org
www.alfonsovazquez.com

La red es un escenario humano, alimentado por sus grandezas y miserias. Y lo es desde que, a pesar de ser una tecnología puntera en la historia de la humanidad, fue puesta a disposición del ciudadano final. Y ésto no ha sido algo habitual, pero la dimensión mercantil del fenómeno ha sido predominante a la hora de poner una conexión ubicua al alcance de cada comprador.

▼ diciembre (5)
Cuando el peligro se viste de prada
Hasta que el óxido nos separe
Redes de solidaridad
¿Aporta alguna mejora el informe PISA?
Políticas digitales

▼ noviembre (7)
Odio nacional, la previsión apocalíptica de Netflix
Prensa en la era de Internet: el periodismo low-cost
Aislamiento digital
El nuevo mercado laboral
Los personajes de la sociedad del Espectáculo
Caída en picado (Nosedive)
Computer Space, el primer videojuego

▼ octubre (4)
Big Data al servicio de la represión
Facebook estimula la comunicación
Las redes sociales están que arden
Galaxy Note 7, la bomba de Samsung

▼ septiembre (7)
Yo, robots contribuyente.
Cazando en realidad aumentada
Internet y Millenials ¿simbiosis, comensalismo o parasitismo?
La guerra digital: ISIS vs Occidente (II)
La guerra simbólica: ISIS vs Occidente
Brave New World o el nuevo orden mundial
Las TIC en educación

▼ agosto (5)
25 aniversario de Linux
Google reseñas, el gran hermano que todo lo ve
Mercados tecnológicos, tecnologías en el mercado
Topos y trolls ¿la verdad está en internet?

Internet Hall of Fame

▼ *julio (9)*
¿Quiénes son las redes sociales?
Imagen digital
Mosaicos digitales
Tu cara es big data
Cuando la inteligencia artificial carece de humanidad
¿Tienda busca cliente, cliente busca tienda o viceversa?
Dime en qué redes andas y te diré quién eres
De safari con tu móvil
El revés de los mapas ¿revolución cartográfica?

▼ *junio (9)*
El mito del buen salvaje
¿Prácticas electorales caducas en tiempos de nuevas política
Julian ASSANGE, 4 años de libertad negada: #ASS...
Redes sociales bajo control
¿Quieres a tu móvil como esposo?
La Universidad ubicua, cuando la clase sale del au...
La escuela lifestream: del pupitre al aula digital...
El facebook comunista
Anonymous contra todos

▼ *mayo (8)*
¿Hasta dónde llega la Libertad de Expresión?
Tuits como prueba inculpatoria
Profesiones digitales: white hat
¿Windows 10? pasé por caja
Internet como fuente de información y de desinformación
Las redes sociales arden
El timo de las videoconferencias en WhastApp
La era de la postelevisión

▼ *abril (9)*
¡Usted y yo somos máquinas y vaya si pensamos!
Hacking Panamá

Información y poder. El pleonasmo sociopolítico
La monja mediática
Sentencias digitales
¿Hay vida después de Internet?
¿dónde quedó la primavera árabe?
Escenarios digitales para ambiciones convencional...
Necesidades básicas e hiperconectividad

▼ marzo (7)
Amores enredados, el lenguaje postmoderno del amor...
Sintaxis audiovisual en el escenario político español
De compras por la cara
¿Dónde está gratuidad de Facebook y Twitter?
¿Es posible la enseñanza no tech?
El email se ha quedado huérfano.
Los estados ante el spam telefónico

▼ febrero (4)
Ebayers, una nueva manera de comprar y vender
La informática está de luto
Internet desburocratizador
El saber estar en la red

▼ enero (5)
Educación en la sociedad líquida
RIP por mr. Minsky
el exceso de información en la sociedad líquida
Hacia una antropología de los lectores
Informática vintage

9 ene. 2016
Informática vintage

En el mercado informático suele esforzarse en vender un producto cuando lo que hay en uso aún es más que suficiente. Es un gesto que se observa perfectamente en los fans de Apple, cuando aguardan largas colas para adquirir el último Iphone, como si el anterior dejará de ser válido en el mismo momento en que su predecesor saliese a la venta. La acción comercial suele ir por delante del propio proceso de ingeniería.

Sin embargo, también hay un aire nostálgico respecto a algunos productos tecnológicos. Y por ello el proyecto archivo de Internet ofrece 24.000 juegos en linea procedentes de las consolas de los años 80 y 90. No son rompedores en gráficos pero tampoco devoran recursos del sistema. Sin duda una oportunidad para recordar, algunos descubrir, como fueron los inicios del fenómeno gamer.

11 ene. 2016
Hacia una antropología de los lectores

¿El hecho de que se vendan menos libros y menos periódicos en papel es señal de que se lee menos? Sin duda, las estadísticas pueden ser usadas en beneficio propio, y este es un caso claro. Las editoriales se quejan de los descensos de ventas y los periódicos se afanan en llenar los kioskos con cartillas de puntos y regalos que "acompañan" la prensa tradicional. En este último caso, muchas veces el incentivo es más importante que el producto en sí. Es decir, no es extraño encontrar clientes que adquieren un rotativo que no llegan a abrir, y del que sólo les interesa el obsequio: deuvedés, aparatos electrónicos, juguetes... todo vale con tal de sumar "lectores".

Sin embargo, pocas veces se analiza en estas discusiones el otro lado, desde el punto de vista del cliente. Y desde aquí defendemos la existencia de un nuevo método de consulta de información tan evidente como es a través de la pantalla. Las pautas de consumo cambian y ahora además se lee en formato digital: ebooks, webs... Es posible que el consumo de papel se reduzca, pero ¿esto es malo? Evidentemente se requiere una reconversión de la industria, pero en productos de un solo uso, como periódicos o novelas o de uso esporádico, concreto y limitado, como ocurre con las enciclopedias ¿no es un despropósito ecológico y económico? ¿Es coherente comprar un periódico para leer dos páginas de noticias? ¿Es necesaria una enciclopedia de treinta tomos en cada casa? Hace dos o tres décadas esta cuestión podría estar a la orden del día, pero en una sociedad digitalizada, la forma de consumir estos productos ha cambiado y la ubicuidad apatanlladada hace que ya no sea necesario recurrir a los formatos predigitales.

Fundación Telefónica ha realizado un estudio sobre las nuevas formas de lectura, y coherente con el trema tratado, lo ha colgado en la red para que las personas interesadas puedan descargarlo de manera gratuita.
Si bajan las cifras de ventas de libros y periódicos, ¿significa que se lee menos? A diferencia de la mayoría de encuestas que indagan sólo la lectura en papel, se estudian aquí también los nuevos modos de leer —en computadoras, tabletas y teléfonos móviles— junto a los cambios de las bibliotecas, la expansión de salas de lectura, libroclubes y ferias de libros.

Esta investigación cualitativa, editada por Fundación Telefónica, sobre cómo leen jóvenes y adultos de distintas generaciones y niveles educativos, en las escuelas, en casa o en el transporte, individualmente o en grupos, muestra los muchos propósitos por los cuales se llega a la lectura; al explorar no cuánto se lee sino cuándo y cómo se lee, se vuelven visibles las transformaciones de esta práctica.

23 ene. 2016
El exceso de información en la sociedad líquida

Internet es una inagotable fuente de recursos y de información. Esto es una característica positiva, pues pone al alcance de nuestra mano una serie de recursos que de otra manera no sería posible obtener o sería muy difícil. Zygmunt Bauman recuerda que cuando "era joven, pasaba mucho tiempo en la biblioteca tratando de leer cien libros para encontrar una pieza de información que necesitaba. Ahora, sólo hay que preguntar Google. En décimas de segundo nos da miles de respuestas". Sin embargo, ese exceso de información no siempre es bueno. Alfons Cornella, en 1999, nos alertaba del problema que supone discernir no ya entre la información real o incorrecta, sino entre la necesaria y la innecesaria. Tras la abrumadora cantidad de datos obtenidos con un simple clic, Bauman se pregunta "¿Cómo voy a entender esas miles de respuestas?" y afirma que subsidiariamente somos más impacientes e irritables: "vivimos con cada vez menos paciencia por la cantidad de información que recibimos al mismo tiempo. Y cuando no la tenemos, el resultado es la irritación".

26 ene. 2016
RIP por mr. Minsky

Marvin Lee Minsky (Nueva York, 9 de agosto de 1927 - Boston, 24 de enero de 2016) pensaba que el cerebro humano no era más que una máquina hecha de carne. Y como tal, bastaba con descubrir sus protocolos de comunicación para interactuar con él. "¿Qué somos las personas sino máquinas muy evolucionadas?", se preguntaba cuando recibió el Premio Fronteras del Conocimiento de la Fundación BBVA. El jurado del premio destacó sus trabajos sobre el aprendizaje de las máquinas, en sistemas que integran la robótica, el lenguaje, la percepción y la planificación Su libro "Perceptrones" (con Seymour Papert), fue pionero en el análisis de redes neuronales artificiales.

Se integró en el MIT de Boston como profesor en 1958. Allí conoció a su colega John McCarthy, con el que fundó el Laboratorio de Inteligencia Artificial, un centro de vanguardia. Su impronta no se limitó al mundo académico y también asesoró a directores de cine, llevando su saber a películas como 2001: Una odisea del espacio o Jurassic Park.

*** 29 ene. 2016***
Educación en la sociedad líquida

En el post anterior tratábamos sobre las consecuencias del empacho de información denunciado por Alfons Cornella y Zygmunt Bauman. Y sin duda, es un punto de partida que pone en el centro de las miradas la profesión docente, tradicional transmisor de la información. Bauman afirma al respecto que "La educación es víctima de la modernidad líquida". Ante el imparable predominio de la sociedad de la información "no hay vuelta atrás a la situación en la que el maestro era el único conocedor, la única fuente, la única guía". En es un escenario digital, según el filósofo, los esfuerzos de los docentes deber ir encaminados a "construir el conocimiento y no sólo acumularlo, se necesitan determinadas cualidades: la paciencia, la atención y la habilidad de ocupar ese lugar estable, sólido, en un mundo que está en constante movimiento. Es preciso trabajar la capacidad de mantener la concentración".

Todas las citas entrecomilladas son de Zygmunt Bauman y proceden de: "La educación es víctima de la modernidad líquida"

10 feb. 2016
El saber estar en la red

Los community manger (CM) velan por la imagen de su empresa en los medios sociales. Y aunque parezca sencillo, no siempre lo es. Su función es crucial en los tiempos que corren. Una mala respuesta puede convertirnos en el hazmerreir de los usuarios, y hay miles de trolls dispuestos a conseguirlo. Y al contrario de lo que ocurre con el CM, no tienen nada que perder.

Hace unos días, el usuario @pufiadria escribió "@Renfe Hijos de la gran puta". El CM busco una respuesta mezclando humor y cinismo: "Nuestra anciana y ajada madre nunca ejerció tal profesión. Y mucho menos a lo grande. No obstante, ¿podemos ayudarte en algo?". pufiadria no se dio por vencido y siguió atacando: "Si desapareciendo y dejando los servicios a gente que los sepa manejar mejor PENOSOS SINVERGUENZAS". Para zanjar el tema, en la misma onda que su anterior tuit, el CM respondió "Tomamos nota de tu observación y la trasladamos a los responsables. También puedes hacerlo a través de http://www.renfe.com/empresa/atencion_cliente/index.html". Y no ha sido la primera vez, como nos cuentan en el Huffington post.

En resumen: hay que saber escribir, tener paciencia, reflexionar antes de escribir y tener sentido del humor.

19 feb. 2016
Internet desburocratizador

La belleza de Internet es que permite coordinar acciones internacionales con un mínimo de recursos y burocracia. Esto lo escribía Naomi Klein a finales de los 90 en su libro de referencia No logo. Efectivamente, en los últimos veinticinco años internet ha hecho más fácil aquello que era fácil pero dentro de demarcaciones territoriales concretas: la coordinación entre iguales. Es curioso como una herramienta transterritorial sirve para acercar a los que están lejos y, al mismo tiempo, a los que están cerca.

El territorio digital se convierte en una espacie de parlamento global que une a personas próximas en sus ideas o sus objetivos, pero lejos en el espacio. Así, cualquier plataforma ciudadana goza de repente de una herramienta de coordinación barata y a tiempo real independientemente del lugar en el que se encuentren sus elementos. A su vez, si uno de estos elementos -nodos, a fin de cuentas- falla, el sistema tiende a recomponerse con facilidad, pues la información fluye de manera horizontal en toda la red. El mundo se hace más pequeño y las comunicaciones ente los elementos más débiles del sistema -el ciudadano de a pie- se magnifican, creando, en cierta medida, una sociedad más justa y organizada.

Frente a una ciudadanía cada vez más adaptada al cambio global, las administraciones continúan ancladas en un proceso burocrático que no concuerda con la sociedad digital del siglo XXI.

23 feb. 2016
La informática está de luto

Wesley Allison Clark (10 abril 1927-22 febrero 2016), uno de los impulsores de PC, ha muerto a los 88 años. Su proyecto, el LINC, fue diseñado conjuntamente con Carlos Molnar. No era un aparato asequible, pues rondaba los 40.000$, pero con sus 50.000 unidades vendidas entre 1962 y 1969 supuso el primer paso hacía los PC actuales. Más tarde, Clark trabajó en ARPANET.

25 feb. 2016
Ebayers, una nueva manera de comprar y vender

Los sistemas de ventas por apuesta han proliferado en la red en los últimos tiempos. Espacios como eBay a nivel internacional o Mercadolibre en países hispanohablantes han generado una nueva experiencia de compra venta para el usuario. Son entornos en los que conviven usuarios finales con empresas de ventas que ven en estos escenarios un nuevo nicho de mercado. En general las transacciones se realizan sin que tengan que existir problemas, aunque como en todas las transacciones comerciales, no estamos exentos de sufrir algún timo.

Sin embargo, este tipo de comprar y vender se ha convertido en una forma de vida de muchos usuarios, que han cambiado de manera radical sus hábitos de compras. Para otros, el propio proceso de búsqueda y compra se convierte en una acción gratificante, a veces adictiva. Ya no es sólo el hecho de comprar sin salir de casa, sino el proceso de búsqueda, negociación y la propia subasta lo que cautiva a ebayers.

2 mar. 2016
Los estados ante el spam telefónico

Los usuarios finales de telecomunicaciones sufren, además de tarifas abusivas, el acoso de las empresas de televentas. En España es casi imposible huir de las innumerables llamadas que nos tratan de vender productos físicos e intangibles en cualquier momento del día o de la noche. Los callcenters hispanófonos situados en Marruecos o Sudamérica arremeten en la intimidad de nuestros teléfonos para "ofrecernos" el producto que corresponda en campaña sin miramientos horarios. ¿Solución? O una app de blacklist o silenciar el terminal. Operadores como Movistar dan la opción de bloquear estos molestos número a razón de dos euros mes cada uno.

Lejos de esta condena al usuario que sufre España, sus vecinos del norte ponen medidas en servicio del ciudadano. Martine Pinville, secretaria de Estado para el comercio del gobierno francés, ha anunciado la creación de la lista Pacitel, donde los usuarios que no deseen ser molestados podrán inscribirse para librarse de molestas llamadas. Además, parece ser que la lista no quedará en un ejercicio vacío como ocurrió con la lista Robinson española: si un ciudadano se inscribe en este servicio gratuito y continúa recibiendo llamadas no deseadas un mes después de su inscripción, la compañía emisora se enfrentará a multas de hasta 75.000 euros. Sin duda, dos maneras muy diferentes de entender la protección al consumidor.

6 mar. 2016
El email se ha quedado huérfano.

El email se ha quedado huérfano. El ingeniero estadounidense Ray Tomlinson ha muerto a los 74 años. Vinton Cerf, compañero y uno de los responsables de la elaboración del protocolo TCP/IP, ha dado la noticia en twitter. Tomlinson fue el encargado de elegir la arroba para separar el nombre del usuario del proveedor que lo acogía. Lo hizo en 1971, cuando trabajaba en ARPANET, al recibir une encargo para que los militares pudiesen enviar mensajes de un terminal a otro.

9 mar. 2016
¿Es posible la enseñanza no tech?

En una época en la que las TIC se hacen imprescindibles en educación, en la que las aulas se llenan de ordenadores y de pizarras digitales y en la que cientos de universidades ofrecen su formación de manera gratuita en la red ¿es posible recular y fomentar una educación no tech?

Es lo que propone la Acorn School de Londres, donde unos cincuenta alumnos crecen y se educan de espaldas a las pantallas. Ni en clase ni en casa. Evidentemente, aceptar un reto así exige la implicación de las familias, pues difícil poder escapar al influjo mainstream. Esta abstinencia digital durará hasta los doce años, en la que con un kit Raspberry Pi montarán su propio ordenador. En las últimas semanas vimos como Zygmunt Bauman se refería a la necesidad de educar de manera crítica en el uso de las nuevas tecnologías ¿estaría el mensaje de Bauman encaminado hacía una posición tan drástica o buscaría un punto intermedio? Evidentemente, podemos plantearnos una serie de interrogantes que satisfarían a partidarios de uno y de otro extremo ¿Es necesario tecnificar el aula para mejorar la experiencia docente? ¿Es preferible limitar "la tentación"? ¿Podemos educar para una sociedad audiovisual donde el medio no sea el mensaje?

13 mar. 2016
¿Dónde está gratuidad de Facebook y Twitter?

Estamos acostumbrados a utilizar herramientas en internet que consideramos gratuitas. Pero ¿realmente lo son? ¿Qué precio pagamos por usar Facebook o Twitter? Directamente no somos conscientes del costo que nos supone participar en estos escenarios, por otra parte, socialmente insoslayables. Con nuestras aportaciones, nuestras publicaciones, nuestros RT o nuestros megusta estamos regalando un perfil psico-sociológico-consumidor completo a estas empresas. Teniendo en cuenta que tienen cientos de millones de usuarios activos cotidianamente, pueden recopilar una inmensa masa de datos que pueden vender a las marcas deseosas de comprender qué y a quién vender.

Edad, sexo, lugar de residencia, situación amorosa, profesión, formación o nuestros centros de interés son los datos a priori más jugosos. Está información servirá para convertirnos en receptores pasivos de publicidad filtrada a nuestros intereses. Publicidad directa y casi a la carta. Si nuestros RT o megusta se dirigen hacia un deporte concreto, será ese unos de los temas publicitarios que visualizaremos constantemente en nuestra pantalla. Si por el contrario apoyamos un tipo de música, esta será una de las publicidades que recibamos. Así, si Faceboook, Google o Twitter ofrecen a un anunciante llegar a 10.000 clientes diana, no fallarán en su oferta. Acertarán un alto porcentaje en que la publicidad irá destinada a clientes potencialmente interesados, evitando al anunciante hacer una campaña genérica masiva pero ciega a fin de cuentas. Pero lo más jugoso de este negocio es que la materia prima se transforma y clasifica de manera gratuita: al interactuar en cotidiano en los medios sociales, generamos y digitalizamos toda esta información de manera gratuita para estas empresas, que acumulan día tras día un capital humano de colosales dimensiones.

Mientras más sociales seamos, más transparentes seremos. Nos dirigimos a una sociedad impúdica donde un pezón puede ser censurado por Facebook, pero donde nos mostramos sinceros y desnudos frente a la tiranía de los mercados.

17 mar. 2016
De compras por la cara

Amazon, como empresa pionera de ventas a través de internet y del cambio hacia un paradigma digital, no para de innovar. En un mercado efímero y fuertemente cambiante, mantenerse fiel a una idea de negocio no es una estrategia acertada, sino que es necesario innovar o, en su defecto, seguir la estela de los que innovan. Y así lo ha demostrado otras veces, con su sistema de entrega por dron o con el procedimiento de compra por un solo botón (Amazon Dash Button, comprando sin salir de casa 16 ago. 2015).

En un paso más, buscando a la vez la seguridad y facilidad de las transacciones, el gigante de la distribución trata de sustituir las contraseñas por un selfie del cliente. Sin embargo, reconoce que tiene que perfeccionar y pulir detalles para que los algoritmos de reconocimiento facial puedan asegurarse de que la compra la realiza el cliente. El proceso no será inmediato, pero a buen seguro que una vez que la idea ha sido formulada, los inconvenientes técnicos serán solventados y en breve habremos dado un paso hacia una nueva www más personalizada y humana.

30 mar. 2016
Sintaxis audiovisual en el escenario político español.

Dentro del marco del III Congresso Internacional Red INAV / V Encontro Ibero-americano de Narrativas Audiovisuais organizado por la Universidade Estadual Paulista de Bauru, Brasil, en la mesa 8 – Audiovisual y marketing, presentamos la ponencia Sintaxis audiovisual en el escenario político español. Una visión postmodernista.

Resumen: Los modelos de poder han cambiado en los últimos años. Hemos pasado de un poder tradicional, ejercido de manera vertical y donde las estructuras se perpetuaban a uno horizontal, donde la colaboración ciudadana ha tomado voz parlamentaria de una manera sorprendente. El marketing de calle y la manera de relacionarse en los medios sociales han sido decisivos y es necesario su estudio para comprender este cambio. Una nueva conceptualización del voto y del propio concepto de gobierno ha sido forjados en el ideario colectivo. La pantalla ubicua es responsable, en cierta manera, del éxito de este proceso.

Palabras-clave: Política; Nueva civilización; Activismo; Poder horizontal; electoralismo.

31 mar. 2016
Amores enredados, el lenguaje postmoderno del amor

Dentro del marco del III Congresso Internacional Red INAV / V Encontro Ibero-americano de Narrativas Audiovisuais organizado por la Universidade Estadual Paulista de Bauru, Brasil, en la Mesa 12 – Etnia, género y diversidad, presentamos la ponencia Amores enredados, el lenguaje postmoderno del amor .

Resumen: Las maneras de comunicarse y relacionarse en la sociedad occidental del siglo XXI ha experimentado una transformación sin precedentes en apenas veinte años. Ya no valen los viejos modelos en el mundo laboral o comercial, pero tampoco en el interpersonal. Vivimos rodeados de pantallas y en un estado permanente de conexión. Hasta las esferas más privadas, como el amor, han generado una nueva sintaxis: el flirteo es soslayable y los tímidos tienen una segunda oportunidad gracias al efecto interfaz y la seguridad que ofrece la pantalla. La comunicación tiene una cierta asincronía pero los tiempos se aceleran. Aunque pueda parecer una tautología, son las nuevas reglas del amor.

Palabras-clave: Mundo digital; Amor; Chats: Sexo; Relaciones virtuales.

2 abr. 2016
Necesidades básicas e hiperconectividad

Una de las dimensiones más revolucionarias de la sociedad de la información es la transformación de las comunicaciones. La hiperconexión ha permitido que estemos donde estemos tengamos abierta una ventana de comunicación a tiempo real con el resto del mundo. Esto se ha conseguido trivializando la tecnología más puntera y poniéndola a disposición de cualquier persona con unos requisitos materiales relativamente asequibles.

Sin embargo, el desarrollo y la búsqueda de innovaciones pueden exigirnos, aunque parezca una paradoja, renunciar a estos avances para simular escenarios que aún o dominamos. Es el caso de la investigación aeroespacial que se lleva a cabo para preparar el lanzamiento de expediciones tripuladas a Marte. Para ello, se trabaja en la Tierra en las mismas condiciones que se prevé que encontraremos en el planeta rojo, y dentro de este proyecto, seis astronautas se encuentran acampados en la ladera del volcán hawaiano Mauna Kea. Allí, durante un año, vivirán simulando que se encuentran fuera de nuestro planeta. Y, dentro de esta simulación, una prueba complicada es superar la incomunicación. Ante cualquier eventualidad, la conexión acumula una demora de veinte minutos en cada sentido. Cuarenta minutos de asicronía que generan una sensación de independencia con la Tierra proporcional a la interdependencia entre los miembros del proyecto. Este aislamiento es un factor que se enfrenta a la hiperconexión que fomenta Internet en el resto del planeta. Otros ejemplos de desconexión con la tecnología, es la asistencia médica. Aunque hay una médico en el equipo, la práctica de la medicina espacial se parecerá más a la del siglo XIX que a la que nos ofrecen las interpretaciones hollywoodenses del fenómeno, debido a la carencia de instalaciones médicos.

La tecnología más avanzada del mundo impondrá que unos seres humanos tengan que renunciar a los avances más triviales que nos facilitan nuestro día a día y aprender a convivir consigo mismos y con sus compañeros. Y de estas relaciones humanas, en el sentido original de la palabra, con ausencia absoluta de redes sociales, depende el éxito de su misión, y de sus vidas.

6 abr. 2016
Escenarios digitales para ambiciones convencionales

El marketing digital permite crear proyectos de considerable magnitud con una inversión reducida. La red elimina las fronteras convencionales y establece otras nuevas. Dominar la sintaxis de este nuevo escenario permite trasladar nuestro mensaje con costos reducidos y dimensionarlo de tal manera que no habríamos podido conseguir en el espacio convencional sin unos fuertes presupuestos. Y ante la ausencia de estos, la presencia en las redes sociales es una alternativa cada día más eficaz. El éxito de la denominada nueva política se basa, en parte, en adaptarse con naturalidad a estos medios. El escenario digital es el elemento que permite configurar la lucha titánica entre David Y Goliat. Podemos establecer cinco pilares en los que se apoyan estos movimientos emergentes y que le permiten hablar de tú a tú a los agentes consolidados mediante perspectiva histórica y marketing tradicional.

1) Presencia mediática (aunque sea personalista, con dos-tres actores principales)
2) Presencia corporativa activa en entornos digitales (Twiter, Facefook)
3) Importancia del mundo App (Incoma, Loomio, Appgree, Agora voting o Kuorum)
4) Búsqueda de implicación y compromiso con el electorado (campañas de microcreditos -crowdfunding-)
5) Ofrecer imagen de proximidad

De igual manera, es sencillo lanzar campañas de descrédito y viralizarlas en cuestión de horas. Internet amplifica el mensaje y es el espacio idóneo para que los rumores se hagan masivos y para que los sectores especulativos y propensos a crear el efecto burbuja prosperen.

10 abr. 2016
¿Dónde quedó la primavera árabe?

Ya han pasado cinco años desde que las revoluciones sociales coparon los medios de comunicación de todo el mundo. Estas acciones que comenzaron a vivirse en los países árabes desde comienzos de 2011 estuvieron fuertemente apoyadas en las redes sociales digitales. Twitter, Facebook o YouTube sirvieron no sólo para coordinar la acción ciudadana, sino también para mostrar al resto del mundo las imágenes que gobiernos y grupos de control querían evitar, lo que supone un nuevo nivel del ciudadano base, que ya no es mero receptor de lo que los medios de comunicación le ofrecen, sino que tiene la posibilidad de generar información, tomando importancia el concepto de prosumidor (Productor-Consumidor).

La publicación Foreing Policy reflexionaba entonces sobre el alcance de las nuevas tecnologías en el cambio social a partir de las situaciones en estos países. Llegaba a hablar de la Primera Revolucion Wikileaks al referirse movimiento social de protesta de Túnez en enero de 2011, que acabó con la destitución y destierro del equipo de gobierno, debido al papel catalizador que jugó esta controvertida página web al actuar como mecha del polvorín en que se estaban convirtiendo estos países.

Estos hechos nos hicieron percibir las herramientas de digitalización social como motor de cambio en las transformaciones culturales, incluidos los procesos electorales y los cambios de poder político. Un lustro después, aún dudando de si los resultados fueron los buscados, no podemos negar que en cierta medida los espacios de difusión digital se han convertido en una nueva forma de ver el mundo.

13 abr. 2016
¿Hay vida después de Internet?

Internet es un agente de cohesión social que ha crecido de una manera imparable en los últimos 25 años. Cuando Tim Berners-Lee regaló la www al mundo sabía que estaba haciendo algo grande, pero ¿era consciente de su tremenda magnitud? Sin duda ha supuesto una gran revolución para la sociedad, muy rápida y con una extensión planetaria. Las relaciones sociales han tomado una dimensión transnacional, haciendo posible la aldea global de McLuhan. Todos los tejidos organizativos sociales han colonizado la red de manera inmediata. Sin embargo ¿Qué pasaría si la red se colapsara o desapareciera? ¿Seríamos capaces de volver a establecer estructuras de comunicación analógicas o supondría un caos para la humanidad?

El filósofo Dan Dennett, profesor en la universidad de Tuft, (http://www.ted.com/speakers/dan_dennett) ha llegado a afirmar que "Internet se vendrá abajo y cuando lo haga viviremos oleadas de pánico mundial. Nuestra única posibilidad es sobrevivir a las primeras 48 horas. Para eso hemos de construir —si se me permite la analogía— un bote salvavidas". Estos botes salvavidas serían los antiguos tejidos sociales, los que fueron sustituidos por la llegada de los canales de comunicación digital. Denner, a pesar de valorar los cambios positivos que ha traído la red, es crítico con ella por la dependencia que ha generado "Algunas tecnologías nos han hecho dependientes e Internet es el máximo ejemplo de ello: todo depende de la red. ¿Qué pasaría si se viniera abajo?" Ante tal situación, el filósofo considera que deberíamos estar prevenidos y contar con una red humana alternativa.

"Internet se vendrá abajo y viviremos oleadas de pánico"

16 abr. 2016
Sentencias digitales

En otras ocasiones hemos hablado de las complicaciones que se presentan a la hora de ejecutar sentencias judiciales por actos cometidos en Internet. Sin embargo, cuando la acción se produce dentro unos límites territoriales precisos y cuando todas las partes afectadas se encuentren en bajo una misma jurisdicción, los litigios convencionales son más sencillos. Es lo que ha pasado con dos socios valencianos llevaron su contienda a WhatsApp.

Uno de ellos publicó en su estado "no te fíes de X X" y lo mantuvo varios meses. X X denunció el caso, y tras el juicio, el acusado deberá satisfacer con 2000 euros al demandante por haber escrito en espacio público una "mera descalificación, que afectó negativamente a la reputación del afectado, la cual es especialmente importante en el espacio de su profesión médica y en el ámbito de la industria de servicios de sanidad". Igualmente, la sentencia exige que el acusado repare su falta actualizando su estado de WhastApp y que mantenga durante dos meses el texto "Mediante sentencia de fecha 30-12-2015 J.M. fue condenado por intromisión ilegítima en el honor de X X"

20 abr. 2016
La monja mediática

Cuando los reality invadieron la televisión destaparon la caja de pandora, pues los productores de contenidos encontraron un nicho de historias sin fondo y los telespectadores ávidos de rozar la gloria efímera rompieron los límites del pundonor.

Escudados en esta guerra sin tregua, Cuatro ha iniciado una emisión que monitorizará la vida de cinco jóvenes que aspiran a ser monjas. Se supone que este reality será el opuesto al burdel que emite Tele Cinco desde hace casi veinte temporadas. Sin embargo, Gran Hermano sí está en su escenario natural, en una cadena que ofrece circo. Pero ¿cómo se puede encajar que se haga espectáculo televisivo desde un convento de clausura? Una tautología que se puede explicar desde la industria del entretenimiento pero no desde la iglesia.

24 abr. 2016
Información y poder. El pleonasmo sociopolítico

La información es poder y el poder necesita información para perpetuarse. Tradicionalmente ha sido así y ambos han ido de la mano conformando un pleonasmo sociopolítico de primer orden. Tan importante, que cualquier debate al efecto era cuando menos improductivo, cuando no ilícito y perseguido.

La sociedad digital parece haber atacado este presupuesto hasta ahora tan inefable como incontestable y la información no es exclusividad de los gobiernos. Sin embargo, esto no quiere decir que sea la solución a milenios de monopolio. De todos es sabido que la red actúa como un gran hermano capaz de almacenar nuestra identidad, nuestros pasos, nuestros gustos y nuestros intereses. Pero lejos de ser un instrumento abierto, su control recae en unas pocas personas. Mark Zuckerberg, a través de sus principiares herramientas (Facebook, Instragram, Whatsapp), se ha erigido en los últimos 10 años como un magnate de la información personal almacenando y disponiendo de la vida digital del 85% de los internautas, según la firma Global Web Index (GWI). Aunque de manera colateral el flujo de datos repercuta y mejore la experiencia en red del usuario final, ésto no es más que un espejismo o migajas de la verdadera dimensión del fenómeno.

Sin embargo, y aunque a priori podría considerarse que una perversa conexión seguía manteniendo vinculados a los gobiernos (especialmente a la Casa Blanca) con los grandes albaceas de las identidades digitales, en las últimas semanas hemos visto un enfrentamiento entre el FBI y Apple por el acceso a la información almacenada en el Iphone de Syed Farook, autor de la matanza de San Bernardino. El fabricante se negó a crear una puerta de acceso secreta en sus dispositivos como le habría pedido el FBI, quien a su vez consiguió por sus propios medios el acceso a la información contenida en el terminal.

El debate entre seguridad e privacidad no es nuevo, y ha sido tratado en este espacio en diferentes ocasiones. Es difícil delimitar cuál es el punto en que esta privacidad puede ser desbordada, pues el concepto de delito varía de un país a otro y de una época a otra: "Apple cree profundamente que en Estados Unidos, así como en el resto del mundo, la gente se merece la protección de sus datos, seguridad y privacidad. Sacrificar uno para el otro sólo pone a las personas y los países en mayor riesgo",

26 abr. 2016
Hacking Panamá

El hacking ya forma parte de la cartera de titulares de los medios de comunicación. Según informa el nuevo Centro Criptológico Nacional (CCN), adscrito al CNI, el año pasado se produjeron 18.232 ataques en internet, y prevén que a finales de 2016 esta cifra se hay incrementado en un 40%.

Evidentemente, muchos de ellos son poco trascendentes, excepto para quienes los sufren. Pero otros sí que tienen repercusión mediática. El año pasado asistíamos a un ataque a la página de contactos Ashley Madison y los atacantes se hicieron con los datos de casi cuarenta millones de usuarios anónimos que fueron chantajeados en los meses posteriores. Este mes hemos visto como la prensa desvelaba la filtración de 2,3 teras de información de personalidades con sociedades en Panamá, con el fin de pagar menos impuestos o de blanquear capitales. A diferencia del caso Ashley Madison, en los papeles de Panamá el ataque podría haberse ejecutado desde el interior de la empresa. Yago Hansen, fundador de la startup Wifense y experto en ciberseguridad, afirma que "descargar una cantidad de información tan grande es un proceso muy lento y tuvo que hacerse poco a poco [...] No se trata de un hackeo de información de un externo, sino que hay empleados descontentos que filtran información hacia el exterior".

Internet tiene sus propias reglas y códigos, y hay que dominarlos y tenerlos presentes. En estas acciones se pueden encontrar las flaquezas y grandezas de la intrahistoria de la red y su repercusión en el escenario digital global.

30 abr. 2016
¡Usted y yo somos máquinas y vaya si pensamos!

Google dedica su doodle de hoy a Claude Elwood Shannon, en el centenario de su nacimiento (30/4/1916-24/2/2001). Fue un ingeniero electrónico y matemático estadounidense, recordado como el padre de la teoría de la información. Trabajó en el departamento de ingeniería eléctrica en el Instituto Tecnológico de Massachusetts (MIT) colaborando en el desarrollo del computador analógico más avanzado de esa era, el analizador diferencial de Vannevar Bush. Sus trabajos con el álgebra booleana revolucionaron el mundo de las comunicaciones telemáticas (telégrafo eléctrico, teléfono, radio, las cámaras de televisión...). En el ámbito de la biblioteconomía y la documentación, revolucionó el sistema de búsquedas en catálogos de bibliotecas o en bases de datos de centros de documentación. Ante la pregunta de un periodista de si las máquinas podían pensar, replicó: «¡Naturalmente! ¡Usted y yo somos máquinas y vaya si pensamos!».

4 may. 2016
La era de la postelevisión

En 1980 The Buggles cantaban que el vídeo había matado a la estrella de la radio. Evidentemente, se confundieron: la radio sobrevivió y el vídeo sufrió una guerra de formatos que llegó hasta la desaparición del soporte físico en favor del formato streaming. Casi 40 años después, parece que le llegará el turno a la tv convencional, quien, a diferencia de la radio, no está preparada para luchar con los soportes digitales. La SmartTv es más un miniordenador que la evolución de la tv clásica, e internet ofrece alternativas más selectas que están provocando una trasvase sinfín de telespectadores. Sin horarios, sin límites, al ritmo que el usuario decide, así es la netvisión. Empresas como Netflix han visto claro cuál será el futuro de la televisión y están apostando fuerte por esta nueva fórmula.

7 may. 2016
El timo de las videoconferencias en WhastApp

Seguro que a todos se nos ocurre alguna mejora para esa aplicación que tanto usamos. Sin embargo, esa mejora no siempre se hará realidad. Nunca llueve a gusto de todos y los desarrolladores no pueden hacer caso a los deseos de todos los usuarios. Con esta bolsa de ideas y deseos contenidos, los delincuentes de la red pueden hacer su negocio. Sobre todo cuando se trata de una aplicación de uso global con millones de descargas.

WhatsApp es un ejemplo perfecto como entorno idóneo sobre el que establecer estafas. Antes de que el popular sistema de mensajería integrase el sistema de llamadas de voz, se difundió una estafa en la que, accediendo a una web externa, el usuario podría llamar gratis desde su teléfono a cualquier parte del mundo sin introducía su datos. Millones de usuarios mordieron el cebo y recurrieron a aquella maravillosa oferta con el deseo de tener la mejora antes que sus contactos. Sin embargo, fueron víctimas de un phishing indiscriminado, y nadie tuvo acceso a llamadas de voz hasta que los desarrolladores de la aplicación incorporaron este servicio.

Desde hace unos días, el timo ha vuelto a la carga vestido de modernidad. Ahora se nos ofrecen videollamadas si cumplimos los mismos requisitos: registrarnos en una web externa y reenviar la información a nuestros contactos. El phiser no ha tenido que idear un sistema complejo ni novedoso. Sobre la misma estructura técnica ha desarrollado una nueva remesa de peticiones que se ha extendido de manera viral entre los usuarios. Y los resultados no se han hecho esperar. Por algo se dice que el hombre es el único animal que tropieza dos veces con la misma piedra.

11 may. 2016
Las redes sociales arden

La prensa convencional se ha hecho humana y ahora se nutre de los contenidos de las redes sociales. Si antes un periodista recurría a fuentes implicadas para verificar su noticia, ahora se vuelca en twitter y facebook para ver qué opinan no ya los internautas, sino los internautas con los que pueda tener cierta proximidad. Las redes sociales arden se ha convertido en una coletilla inexcusable que se utiliza con cierta frecuencia para ilustrar noticias carentes de otros contenidos. Ante esta tesitura, los lectores se paletean ¿merece la pena comprar un periódico o seguir a varios creadores de opinión en Twitter? ¿Qué diferencia a un periodista de un tipo que se dedica a twittear todo lo que piensa o ve? La prensa, que hace unos años podía ser garantía de fiabilidad, se ha convertido en un mentidero más, donde los periodistas sueltan sus opiniones como podrían hacerlo en un blog cualquiera. Porque ya no es sólo el hecho de fusilar hashtags de terceros, sino la facilidad para dar credibilidad a cualquier hoax que aparezca en la red, si reúne la cualidad primordial: sensacionalismo.

Como ejemplo práctico, por la dimensión de la misma, podríamos recordar aquella noticia difundida en noviembre de 2014 por Cuatro, Qué.es y Europa Press, o informativos telecinco en la que se anunciaba el cierre inminente de Facebook (La caída de FB y el hoax en los medios de comunicación. 5/11/15). Tras lo escandaloso y sensacionalista del titular se escondía un bulo difundido dos años antes en RT y que ninguno de los medios que "rescató" el engaño se molestó en comprobar.

14 may. 2016
Internet como fuente de información y de desinformación

Internet es fantástico. Es el entorno idóneo para ejercer la libertad de expresión y dar voz a colectivos que antes de la expansión de la sociedad digital nunca podrían haberse hecho oír. Como ejemplo extremo, podemos citar las revueltas de la primavera árabe que rememorábamos hace unas semanas. Sin embargo, este efecto multiplicador, permite que informaciones no tan éticas o veraces se propaguen por la red con la misma velocidad. Y, como comentábamos en el anterior post, la cualidad de verificar y contrastar la información no está presente entre los profesionales de la comunicación, por lo que mucho menos se le podrá exigir al internauta a pie de calle. Es el caso de una información que se hizo viral hace unos días con epicentro en México y que se extendió rápidamente por todos los países de habla hispana. Se difundió una foto en la que se veía una pelea de perros en un local y alrededor del espacio de lucha había material corporativo de Heineken.

Los comentarios de los usuarios se volvieron contra la marca por apoyar este cruel evento. Debido a la horizontalidad de la comunicación en la red, cuando la información llegó al responsable de imagen de la marca, este hizo un comunicado desmarcándose de la práctica y dando explicaciones. Según la información proporcionada, la foto no estaba tomada en México ni era reciente. Se trataba de un evento realizado en Mongolia en 2010, y las banderas aparecían por una fiesta que Heineken había celebrado en el local el día anterior. Para justificar tal extremo, la marca expuso un comunicado en su página y la carta que el propietario del local envió asumiendo su culpa.

En este caso se demuestra que la red tiene memoria, y que es relativamente fácil acceder lo que se dijo o se hizo hace tiempo. También se demuestra que es fácil provocar al internauta, que está dispuesto a dar cobertura y compartir noticias sin contrastar su veracidad. Una imagen vale más que mil palabras y tergiversar una información es tan fácil como fácil es difundirla. En consecuencia también nos demuestra la importancia de la imagen digital y el papel de los community managers para velar por la misma. El mundo globalizado permite que acciones locales adquieran dimensión global de manera instantánea, para bien o para mal y es una premisa que debemos tener en cuenta en nuestra experiencia digital.

18 may. 2016
¿Windows 10? pasé por caja

Windows no es Linux. Eso está claro y existen múltiples explicaciones. Cada cual puede escoger la suya. Una de ellas es la económica. Linux es un software libre (en sus dos acepciones, ver la doble semántica de free, 7 enero 2015) y Windows un software propietario, y por lo tanto, con licencias de pago. Sin embargo, desde julio de 2015, las actualizaciones de Windows 10 desde Windows 7 u 8 eran gratuitas. Sin embargo, tras un tiempo en el que unos 300 millones de windowslovers han actualizado sus equipos, Microsoft anuncia que la oferta caducará el 30 de julio. A partir de esa fecha, quien decida instalar este sistema operativo, tendrá que adquirir la licencia de uso por 120 $ ¿Quedará algún interesado que no haya aprovechado la oferta en este año y que espere hasta el mes de agosto para pagar por un producto que podría ser gratis? ¿Habrá intentado Microsoft quitarse de en medio problemas de soporte con versiones antiguas? ¿O habrían intentado una colonización de los equipos domésticos por parte de Windows 10, para copar el mercado y dominar los apps markets?

21 may. 2016
Profesiones digitales: white hat

Un joven finlandés de 10 años ha descubierto un agujero de seguridad en Instagram. El fallo de la página le permitía eliminar libremente comentarios de terceros. En Facebook, conscientes de que a cierta edad las acciones cometidas no siempre son las correctas, han agradecido al joven su descubrimiento y lo han recompensado con 10.000$, cantidad con la que se pondrá comprar una bici y un nuevo ordenador. Un estímulo para el joven hacker, que podrá seguir desarrollando su potencial invasivo y una minucia para el multimillonario grupo empresarial.

Desde 2011, Facebook dispone de un programa denominado Bug Bounty que recompensa a aquellos que avisen a la compañía de fallos de seguridad en su software. Hasta el momento han distribuido 4,3 millones de dólares a más de 800 white hat en todo el mundo. A mediados de marzo, un experto en seguridad indio recibió 15.000 dólares tras descubrir la manera de entrar en cualquier cuenta que se propusiese. Sin embargo, el joven finlandés ostenta hasta el momento el título de white hat más joven que ha recibido una de estas bonificaciones.

28 may. 2016
Tuits como prueba inculpatoria

Desde que la ley mordaza entró en vigor, sus efectos se dejan notar en los juzgados. La justicia española se toma muy en serio el uso que los ciudadanos puedan hacer de las redes sociales, hasta tal punto de que es posible procesar a los autores de mensajes en estos medios digitales. Es lo que le ha ocurrido al cantante de la banda Def Con Dos. La pena no será tan dura como los 600 latigazos propuesta para Raif Badawi en Arabia Saudi, pero salvando las distancias, casi dos años de cárcel en un país de la Unión Europea por unas palabras no es una cuestión baladí.

César Montaña Lehman, también conocido como César Strawberry, cantante de Def con Dos, se enfrenta a una petición de la Fiscalía de 20 meses de cárcel por seis tuits y un retuit. El tema no es nuevo, y la causa fue archivada hace un año por el juez que instruía el caso. Pero ha sido reabierta y Strawberry será juzgado por enaltecimiento del terrorismo, humillación a las víctimas del terrorismo e injurias a la corona. El acusado se ha defendido aludiendo a que en un país con libertad de expresión, hay que estar dispuesto a escuchar opiniones con las que no estés de acuerdo.

31 may. 2016
¿Hasta dónde llega la Libertad de Expresión?

La semana pasada tratábamos el proceso abierto contra el cantante de Def Con Dos por unos tuits que la justicia enaltecimiento del terrorismo, humillación a las víctimas del terrorismo e injurias a la corona. No es la primera vez que desde el mundo del espectáculo se hacen declaraciones que puedan resultar incomodas, pero no es habitual que la fiscalía actúe contra quien, a fin de cuentas, sea ampara ante el derecho a la libertad de expresión recogido en el artículo 20 de la Constitución Española. César Strawberry afirma que "El derecho a la libertad de expresión no tiene por qué ser algo agradable: tenemos que estar dispuestos a escuchar cosas que no nos gusten". En la misma línea en pura tautología democrática, la canción Luce en la oscuridad, Roberto Iniesta, arremetiendo contra el mismo derecho que aparentemente le protege, escribe en un escatológico hipérbaton "¿quién va a meterse por el culo mi libertad de expresión cuando diga que me cago en la constitución?"

¿Somos capaces de delimitar hasta donde llega la Libertad de Expresión? Porque tal vez podríamos argumentar falta de gusto, pero ¿esto puede ser delito? Además, el mal gusto puede llegar a ser entendido como modo de vida, y tenemos a Telecinco y a su plantilla para defender este posicionamiento. Sin embargo, no podemos encarcelar, en un país occidental, a un personaje por el meo hecho de ser soez o grosero. Sin embargo, a pesar de haber pasado cuarenta años desde la muerte de último dictador que tomó las riendas de España, sigue habiendo ciertos temas tabú, como la corona borbónica y el terrorismo.

Hace dos meses, dos integrantes de la compañía Títeres desde Abajo fueron detenidos por la Policía Municipal de Madrid durante la representación de la obra La bruja y don Cristóbal, acusados de un delito de apología del terrorismo por lucir una pancarta donde se podía leer Gora Alca-ETA. En el extremo opuesto nos encontramos con la desidia de las fuerzas del orden para actuar sobre otros aspectos sensibles del ideario colectivo español, como ocurrió cuando en una jornadas sobre la España visigoda se proyectaron las imágenes de los dictadores Francisco Franco y Adolf Hitler, además de la deHeinrich Himmler, jefe de las SS del partido nazi, sobre la fachada del castillo de Guadamur (Toledo).

Esta situación de cara y cruz de la moneda, también podemos confrontarla en otros dos casos. A principios de este año, una concejal de Guanyar Alacant fue condenada a una multa de

6.000 euros por los insultos que profirió al Rey Juan Carlos, tras publicarse la fotografía en la que éste aparecía con un elefante al que había cazado en Botswana. La edil escribió en su blog el 14 de abril de 2012: "Ese hijo de puta ha matado a un ser que, en muchos aspectos, es mejor que los humanos..., aunque claro, que se puede esperar de un tío que disparó a su propio hermano y lo mató". El juez arguyó para justificar la condena que "no es necesario llegar a la desmesura de estas expresiones de 'hijo de puta', 'borracho'", para criticar la caza de elefantes.

Podríamos llegar a comprender la opinión del juez, pero ¿es más grave insultar que amenazar de muerte? Federico Jiménez Losantos, filósofo que juega a ser periodista en medios radiofónicos y escritos, llegó a hacer apología del asesinato al afirmar que "es el único partido [refiriéndose a Podemos] que a mí me suscita odio de clase. O sea, yo los veo y me dan ganas de hacer la Revolución Francesa, sin guillotina, ¿verdad? Porque estoy contra la degollación aunque no sean inocentes. Pero, o sea, yo es que veo a Errejón, a la Bescansa, a la Rita Maestre y me sale, me sale... el monte, no el agro, el monte. O sea, si llevo la lupara, disparo. O sea, menos mal que no la llevo". en la misma intervención, Losantos carga contra otros politécnicos como Mariano Rajoy, al que califica de "zángano" y "solemne bobo", y contra Pedro Sánchez, al que tilda de "matón de discoteca" y "mozo de mulas".

Nos falta camino por recorrer para llegar a ser un democracia madura, y parece ser que en pleno siglo XXI los fantasmas del franquismo siguen vivos. España, tras 30 años en la Unión Europea, geográfica y culturalmente está más cerca de África que de Europa y los Pirineos parecen ser una barrera más eficaz contra el tránsito de ideas como ha venido ocurriendo desde hace siglos, que el estrecho de Gibraltar.

2 jun. 2016
Anonymous contra todos

El fenómeno Anonymous podría explicarse dentro del escenario que Zygmunt Bauman denomina sociedad líquida, pues con una conciencia convencional es difícil entender que un colectivo formado por gente que no se conoce entre sí sea capaz de organizarse a nivel mundial y establecer acciones contra instituciones y organismos plenamente consolidados. Chris Landers describió al colectivo como «la primera superconciencia basada en Internet. Anonymous es un grupo, en el sentido de que una bandada de aves es un grupo. ¿Por qué sabes que son un grupo? Porque viajan en la misma dirección. En un momento dado, más aves podrían unirse, irse o cambiar completamente de rumbo» (Baltimore City Paper, 2 de abril de 20081.)

Pero en un entorno tradicional sería difícil definir a un colectivo sin jerarquías y aparato organizativo. Sin embargo, hace un mes se inició en España un juicio "contra la cúpula" de anonymous por tumbar la web de la junta electoral en 2011. El caso presentaba muchas lagunas, partiendo del mismo hecho de que anonymous se define como una plataforma sin cabeza, con lo que no se puede juzgar a su cúpula. Como consecuencia, ayer la plataforma de hacker ético atacó y consiguió acceder a la base de datos de altas de Mutualidad de Previsión Social de la Policía, Mupol. En el día de hoy, han difundido datos de más de 5.000 agentes. Para justificar su acción, han declarado: "habéis tratado de agredir a nuestros hermanos con acusaciones falsas que solo demuestran cuán podrida está vuestra institución. Acabarán libres porque aún creemos en la salud de la justicia en España, pero habéis desatado la furia de nuestras legiones y hoy vamos a la guerra. Hemos publicado una lista de miembros de vuestro cuerpo para que entendáis cuán fina es la cortina detrás de la que os escondéis". De igual manera, critican la poca conciencia de las fuerzas de seguridad al colocar en la red datos sensibles confiando en una empresa que no establece una política fiable de seguridad. Sin duda, un interesante enfrentamiento entre dos concepciones diferentes de interpreta la sociedad: la visión tradicional frente a la visión del cambio.

5 jun. 2016
El facebook comunista

Facebook es un espejo de vanidades del mundo capitalista y un escenario ideal para intrigas y miserias. Ya nos previno monseñor Rouco Varela hace unos años, aconsejando a su rebaño que evitara caer en la tentación caer en sus garras. Con el mismo motivo, con el afán de proteger a las almas de los indefensos súbditos de la decadencia occidental ha aparecido Best Korea's Social Network (la mejor red social de Corea). Y para no utilizar en vano los colores de la lucha comunista, ha mantenido la misma imagen y los mismos tonos azulados que utiliza la popular red de Mark Zukemberg [Modo ironic OFF].

Sea como fuere, la red alternativa surgió y cayó en un breve espacio de tiempo. Se desconoce a quién atribuir la hazaña, pero todo quedó en un sueño. Las restricciones de acceso a internet dentro del país y su política de aislamiento son de sobra conocidas y las autoridades norcoreanas tardaron poco en acabar con el experimento. No sabemos si se convertirá en el primer paso de la carrera hacia la libertad de expresión en el país asiático o quedará en mera anécdota de la intrahistoria de internet, así que de momento nos quedamos con el recuerdo de la captura de pantalla ofrecida por CNN.

10 jun. 2016
La escuela lifestream: del pupitre al aula digital

La escuela lifestream: del pupitre al aula digital.
Comunicación presentada al Congreso Virtual Iberoamericano sobre Recursos Educativos Innovadores (http://www.cirei2016.com)
Linea de trabajo: Experiencias educativas innovadoras mediadas por TIC

Las herramientas digitales proporcionan una estructura de nuevo cuño que facilitan la aparición de nuevos escenarios sociales. El sistema educativo, como garante de de formación de los ciudadanos del futuro, no puede permanecer ajeno a este cambio de paradigma. En la escuela digital el libro de texto pasa a un segundo plano y debe ceder protagonismo a internet, como agente que da acceso a la sociedad de la información. Internet permite que la clase salga al mundo sin abrir la puerta del aula y permite, de igual modo, que el mundo entre en clase. El entorno digital, apasionante recurso si se trabaja de manera organizada, permite que múltiples medios entren en el aula, pero también, de manera virtual, que ésta salga de la escuela física y analógica. Prensa, vídeo, gráficos, datos actualizados al minuto, comunicación p2p... Sin duda, la necesaria revolución que la escuela estaba esperando.

12 jun. 2016
La Universidad ubicua, cuando la clase sale del aula

La Universidad ubicua, cuando la clase sale del aula
Comunicación presentada al Congreso Virtual Iberoamericano sobre Recursos Educativos Innovadores (http://www.cirei2016.com)
Linea de trabajo: Experiencias educativas innovadoras mediadas por TIC

En el siglo XI surgen las primeras universidades en Italia, Inglaterra, Francia y España, como instituciones para la transmisión del saber y fomentar la investigación. Desde entonces, la enseñanza ha sido unidireccional. Un único foco de sabiduría que irradiaba conocimientos – a veces actitudes- a un ingente grupo de receptores pasivos. Con la irrupción de la sociedad de la información y las redes telemáticas, la formación adquiere una nueva dimensión nunca antes experimentada: por una parte, la red ofrece grandes cantidades de recursos y datos, y por otra, la presencia física es prescindible en el proceso de enseñanza-aprendizaje. Sin duda, nos hallamos ante una democratización del conocimiento universal y ante una apertura de la universidad hacia sectores sociales que, por diferentes motivos, no hubieran podido acceder a una formación de estas características.

La Universidad ubicua genera un curioso fenómeno, ya que Internet, que hasta ahora había sido hasta ahora el agente desterritorializador por excelencia, se convierte en un elemento que permite establecer demarcaciones en el espacio formativo en el terreno digital, aunque genere ubicuidad en el espacio convencional. Un magnifica tautología que en pleno siglo XXI logra hacer real el sueño de la universidad universal.

15 jun. 2016
¿Quieres a tu móvil como esposo?

Que los móviles son objeto de deseo y generadores de envidias no es nuevo. Pero ¿podríamos saber hasta qué punto? Hace tiempo ya analizamos el caso de un joven chino que vendió sus riñones para comprarse un iPod y un iPad.

Hoy nos hacemos eco de un estudio realizado por las universidades de Würzburg y Nottingham Trent, dirigido por Astrid Carolus, psicóloga de medios de la primera institución, sobre este tema, arrojó resultados cuando menos sorprendentes. El 37,4% de los participantes calificó a su teléfono inteligente como algo más, o tan importante, que sus amigos cercanos, el 29,4 % dijo que era tan importante, o más importante, que sus padres, y el 21,2 % que era tan importante, o más importante, que sus parejas. Tras analizar los resultados, Carolus afirma que "Nuestros teléfonos son una parte integral de nuestras vidas, y este estudio aporta una prueba psicológica de ello. Nuestra conexión tipo amistad con nuestros teléfonos inteligentes significa que le otorgamos un increíble grado de confianza a un objeto inanimado. Tanto así, que lo consideramos un elemento más cercano y más importante de nuestras vidas en comparación con muchas otras personas".

Sin duda, este dispositivo se ha hecho un hueco importante en nuestras vidas, y los datos arrojados por este estudio son, como poco, para reflexionar sobre el alcance de las opiniones de los entrevistados.

19 jun. 2016
Redes sociales bajo control

Las redes sociales han supuesto un revulsivo en la comunicación humana. De hecho, en este espacio nos hemos ocupados en diversas ocasiones de casos concretos. Quizá uno de los más llamativos, por lo que supuso a nivel global, fue la dimensión digital de la llamada primavera árabe. Como espacio de comunicación social tiene un impacto innegable, hasta tal punto que en escenarios continuistas pueden verse como una amena. Así, esta semana, nos encontramos con dos noticias opuestas, cara y cruz de la misma moneda. La primera, positiva, proviene de Estados Unidos, donde se ha legislado para considerar internet un espacio abierto y potenciar la neutralidad de la red. En un tira y afloja entre administración y proveedores de servicio, finalmente la el acceso a internet ha sido considerado como servicio público.

La segunda, negativa desde la óptica de este espacio de opinión, donde consideramos la rede como un escenario de progreso al servicio de la humanidad, procede de Bolivia. El gobierno del país andino ha mostrado al menos dos frentes para controlar la difusión de contenidos propios y ajenos en redes sociales: la creación de la Dirección General de Redes Sociales y la intención de elaborar una normativa que prohíba el anonimato y la difamación de funcionarios públicos. Por desgracia, esta legislaciones restrictivas sirven al estado como agente censor, tal como ocurrió en España con la ley mordaza, con acciones como las que nos han ocupado las últimas semanas.

22 jun. 2016
Julian ASSANGE, 4 años de libertad negada:
#ASSANGE4años

El Centro Internacional de Estudios Superiores de Comunicación para América Latina (CIESPAL) está celebrando las jornadas Julian Assange, 4 años de libertad negada. El evento se inauguró con un vídeo de Noam Chomsky en el que califica como injusta la situación de Assange, considerado para muchos gobiernos como "… un peligroso criminal por exponer al poder a la luz pública".

Por su parte, Francisco SIERRA, Director General de CIESPAL, abarcó el tema de las redes sociales como un nuevo campo de inmersión de las grandes potencias, además, durante su intervención, SIERRA destacó la necesidad de desarrollar desde el Sur políticas regionales frente al Internet.

René RAMÍREZ, Secretario de Educación Superior, Ciencia, Tecnología e Innovación de Ecuador, enfatizó la idea de liberación de la región de la tecnología que nos ofrecen los grandes imperios; asimismo destacó la importancia de #CodigoINGENIOS? como una muestra de que sí se puede construir una democracia participativa.

Posterior a la inauguración Roy SINGHAM e Ignacio RAMONET analizaron el tema ?#?Tecnopolítica? y Ciberguerra. El primer conferencista expuso sobre los diferentes mecanismos de control en la red, a través de redes sociales, buscadores, correo electrónico, se obtiene información y se pierde la privacidad del usuario. Ignacio RAMONET, segundo conferencista, sostuvo que vivimos en un nuevo orden informativo, donde todas las actividades son vigiladas e informatizadas, por ello es indispensable contar con mecanismos de defensa desde la red.

Durante estos días se abordaran los temas como El caso ASSANGE a la luz de los Derechos Internacionales y los Derechos Humanos, con la participación de Baltasar GARZÓN y Fidel Jaramillo. El segundo panel analizará Tecnopolítica y Ciberguerra, con la intervención de Amauri CHAMORRO, Daniela GARROSSINI y Leandro MONK.

#ASSANGE4años #FreeAssange

26 jun. 2016
¿Prácticas electorales caducas en tiempos de nueva política?

España hoy vuelve a las urnas para intentar formar gobierno tras las infructuosas elecciones de diciembre de 2015. En una época en que la misma campaña electoral se desarrolla en las redes sociales, los comicios siguen internos en una estructura arcaica y costosa. Toneladas de papel para sobres y papeletas que serán enviados redundantemente a los domicilios del electorado y a los propios colegios electorales. Montañas de papel para listados impresos multiplicados que tendrán un uso efímero.

Sin duda, en un momento en que se habla alegremente de administración electrónica y de política electrónica todo este proceso podría realizarse de manera más eficaz y más económicas si la administración realmente confiara en esa dimensión electrónica de la que tanto le gusta hablar. El voto electrónico desde casa, de manera paralela a sistemas de voto electrónico en los colegios electorales para aquellas personas que aún no se sientan a gusto en los entornos digitales, sería una vía rápida para efectuar conteos a tiempo real y preciso evitando las disputas interesadas entre delegados, representantes y apoderados. Todo ventajas, ningún inconveniente: menor impacto ecológico, ahorro en papelería, rapidez y eficacia en el conteo... ¿habrá que esperar al futuro para que el presente entre en los comicios electorales?

29 jun. 2016
El mito del buen salvaje

Durante siglos, en Europa se extendió la idea de que los originarios de las colonias carecían de maldad en sus acciones: esta situación se conoce como el mito del buen salvaje. De igual manera en la sociedad digital existe una cierta ingenuidad a la hora de creer noticias que llegan por diversos medios, como redes sociales o correo, y de las que desconocemos su origen y su intencionalidad última. Y es que Internet ha permitido que se amplifique la voz de aquellos que consideran que tiene algo importante que decir. Pero por desgracia, también es el método idóneo para expandir rumores, descontextualizar situaciones y transmitir informaciones no siempre fiables. Retwittear marcar me-gusta, o compartir contenidos, dependiendo de la red en la que nos encontremos, es la adicción de los usuarios sociales. Muchas veces esta pulsión por compartir contenidos, la influencia de la cultura de lo efímero y la falta de interés por profundizar en los retales de información que se desplazan a la deriva por un universo de bits, hace que nuestra experiencia digital quede en mero pasatiempo sin más.

En los últimos meses se ha hecho muy popular el caso de un joven que presuntamente iba a ser juzgado y condenado por haber pagado 80 € con una tarjeta robada. Rápidamente la justicia popular se hizo eco de tan injusta situación lanzando campañas de protección del pobre ciudadano, y una de sus acciones fue lanzar una recogida digital de firmas en una de las múltiples plataformas destinadas a tal fin. Más de doscientas mil firmas conseguidas para pedir un indulto que ha sido rechazado por el Consejo de Ministros. Pero una vez conocida la sentencia, parece ser que no todo era tan claro como el mensaje inicialmente lanzado en los medios sociales, pues el acusado y ahora considerado culpable llevaba ejerciendo esta práctica desde hacía más de 6 años en cooperación con otros acusados. Tal vez sea un momento para reflexionar acerca de nuestra actividad en Internet y para tomar precaución antes de tomar cualquier decisión.

3 jul. 2016
El revés de los mapas ¿revolución cartográfica?

El desarrollo de la cartografía supuso un avance imparable en las comunicaciones terrestres y marítimas. Como siempre, el conocimiento era poder y aquellos que disponían de los mejores mapas conocían las mejores rutas y por lo tanto tenía mayores beneficios. Durante siglos la elaboración de los mapas ha venido siendo de manera artesana y su reproducción muy limitada, orientada a ciertos agentes sociales. Con la expansión de satélites artificiales alrededor del planeta los mapas son cada vez más precisos y en el año 2005 Google revoluciona la cartografía con su Google Maps, el servicio de mapas más actualizado en actualidad.

Sin embargo, más complicado que representar la distribución geográfica del planeta es en muchos casos demarcar una frontera política. Como escribiría Espronceda en su canción del pirata allá muevan feroz guerra ciegos Reyes por un palmo más de tierra. Google es, ante todo, una corporación comercial y, para evitar ese tipo de conflicto y no buscar enemigos ni posiciones locales incómodas que pudieran poner en peligro su mercado global, las diferentes versiones de cada país muestran las fronteras a gusto del consumo local. El documental "el revés de los mapas ¿revolución cartográfica? se ocupa de cómo el gigante de la comunicación digital, haciendo suya la máxima de nos vemos las cosas como son, las vemos como somos, ofrece fronteras al gusto de cada país otorgando los territorios en disputa al mejor postor en cada momento. Así, Arunachal Pradesh aparece como territorio indio en la versión india de Google Maps y como territorio chino en la versión china ¿Oportunismo? ¿Indecisión? ¿o cambio de concepto a la hora de interpretar la fronteras geográfica en una sociedad globalizada?

6 jul. 2016
De safari con tu móvil

Las nuevas tecnologías aportan innumerables beneficios a la sociedad y al mismo tiempo generan nuevos problemas. Si además añadimos al rompecabezas dos realidades a ritmos diferentes pero convergentes en el tiempo y en el espacio, como son la humana, altamente tecnificada, y la natural, apacible inmersa en un proceso evolutivo mucho más pausado que el desarrollo tecnológico humano, la catástrofe está servida. Y no tiene que ser por mala fe o por afán de destrucción: pero hay amores que matan, y las apps de avistamiento de fauna salvaje, como trackingthewild son un buen ejemplo de ello.

Los turistas que visitan los espacios protegidos en África, deseosos de avistar animales salvajes, disponen de aplicaciones sociales en las que cuando un usuario localiza un ejemplar interesante, lo geolocaliza rápidamente y comparte es información con el resto de la comunidad. Esto hace que los usuarios que reciben la información rápidamente se dirijan hace el punto en cuestión. Con estructuras que no están preparadas para este tipo de persecuciones y la temeridad de los turistas ávidos de fotografiar un recuerdo con el que generar impacto en sus redes sociales, se puede generar el efecto contrario: la búsqueda del preciado recuerdo puede convertirse en un accidente o en el atropello de esa fauna que ha llevado al turista a desplazarse hasta ese país. Hapiloe Sello, responsable de Turismo de los parques nacionales de Sudáfrica, ha alertado del incremento de ilegalidades en los parques como pueden ser la velocidad, la congestión y atropello de animales por culpa de turistas.

10 jul. 2016
Dime en qué redes andas y te diré quién eres

Hace unas semanas hablábamos de las redes sociales bajo control en algunos países (Redes sociales bajo control, 19 jun. 2016). En el post oponíamos la decisión e Bolivia de controlar las redes sociales frente a la de Estados Unidos donde se proponía considerar internet un espacio abierto y potenciar la neutralidad de la red. Sin embargo, nos sorprende ahora la propuesta del organismo de aduanas y patrullas fronterizas de EU al Registro Federal en la que se solicita que los ciudadanos que vayan a entrar en el país deban informar de sus perfiles en medios sociales. Sin duda, un uso del big data al servicio de los gobiernos y una pérdida de intimidad de los ciudadanos. Por ello, más que nunca, cabe destacar la importancia de aquello que publicamos en las redes sociales. La red se convierte en repositorio donde almacenamos retazos de nuestra vida que en cualquier momento pueden condicionar una decisión, un trabajo o una entrada en EE.UU. Nos dirigimos hacia una sociedad presuntamente cada día más abierta, pero donde el control se mantendrá más férreo y minucioso si cabe, subvencionado a través de espacios de ocio donde los internautas reflejarán todas su intimidades, ofreciendo gratuitamente y sin pudor un perfil psicológico y social de las más completo.

13 jul. 2016
¿Tienda busca cliente, cliente busca tienda o viceversa?

Internet ha revolucionado el mundo del comercio. Desde casa, a base de clics, el cliente puede acceder a los mercados mundiales, ya sea a los más exclusivos o a los más mundanos. Ya no hace falta ir a París a visitar Channel o Galeries Lafayette, pues quien pueda pagar sus inefables precios, no tendrá problemas para realizar su compra on-line y recibir el producto en casa. En el extremo opuesto, también triunfan los productos lowcost y cientos de páginas chinas llenan el mundo de baratijas tecnológicas o textiles.

Sin embargo, los supermercados se resisten a abandonar la tradicional entrega de propaga en papel inundando los buzones de su radio de acción. Suelen compaginar el concepto analógico con apps adaptadas a las nuevas pautas de consumo, para que el cliente reciba cómodamente en su hogar una compra realizada plácidamente desde el móvil. En cualquier caso, y ante unos márgenes de beneficios ajustados, la cesta diaria, carente de glamour, obliga a las marcas a hacerse un hueco en el ideario consumista de sus potenciales compradores.

En un sector un tanto más exquisito que un carro lleno de detergentes y alimentos, pero sin llegar a al extremo de Channel, encontramos a las páginas de saldos, como VentePrivée o Privalia. Espacios en lo que se ofrecen por campañas una serie de productos descatalogados. Está técnica obliga al consumidor a estar pendiente de los "chollos", con lo que ahora es el cliente el que busca tienda, y la tienda se relaja en tanto en cuanto no necesita ir detrás del cliente, siempre ávido a adquirir ese producto de que sólo quedan cinco unidades. Nuevos, nuevos tiempos, nuevas formas de vender y comprar pero las mismas técnicas para hacer que el cliente muerda el cebo.

17 jul. 2016
Cuando la inteligencia artificial carece de humanidad...

Cada vez confiamos más en la tecnología y le damos un papel más importante en nuestras vidas, y ese es un aspecto que hemos comentado en numerosas ocasiones en este espacio. La tecnología nos ayuda, pero a veces dejamos en sus manos decisiones que deberían ser supervisadas por humanos.

Cuando navegamos, recibimos un bombardeo publicitario contante. Esta publicidad no siempre es aleatoria. Las cookies almacenadas en nuestros dispositivos informan a los motores de inserción de publicidad quiénes somos, de dónde venimos y hacia dónde vamos. Si hacemos una búsqueda sobre una ciudad, en días posteriores nuestra pantalla se llenará de anuncios de hoteles, vuelos o tiendas de ese posible destino. De igual manera, si en nuestra ciudad hay un espectáculo determinado, es posible nos aparezca información sobre el mismo de manera "espontanea". Nuestro rastro digital es registrado y vamos dejando por la red retazos de nuestro hábitos de consumo de manera inconsciente, y ese es uno de los precios que pagamos por el servicio recibido.

Otras veces la publicidad estará relacionada con la información consumida por el usuario. Así, si leemos una noticia sobre la etapa de hoy del Tour de Francia, es posible que en nuestra pantalla nos muestre publicidad sobre bicicletas o material deportivo. Sin embargo, esta publicidad generada automáticamente no siempre es efectiva. Y otras veces, dependiendo de según qué noticias, puede resultar fuertemente inconveniente o, como en el caso de hoy, macabra. Cuando el diario El País publicó el titular el recorrido del camión en el ataque terrorista, recogiendo información sobre el atropello multitudinario llevado a cabo en la ciudad francesa de Niza que acabó con la vida de más de 80 personas, tras la noticia aparecía la publicidad de una empresa de transporte española (Grupo Carreras) mostrando el frontal del un camión. Evidentemente, se trata de una mera relación semántica, pero con un resultado nefasto, que debería haber sido evitado por los responsables de publicidad del periódico.

20 jul. 2016
Tu cara es big data

Big Data y Deep Web son dos términos muy recurrentes en los últimos tiempos. A fin de cuenta, la red no deja de ser un universo de datos en el que, al igual que ocurre con el espacio exterior, gran parte del mismo pasa desapercibido para la mayoría de los usuarios. Sin embargo, con las herramientas adecuadas, esas ingentes cantidades de bits pueden dar un beneficio incalculable a quien sepa buscar. De hecho, existen programas formativos destinados a formar profesionales en estos campos, pues la trazabilidad de los usuarios como conjunto aporta una serie de análisis sociales aplicables a aspecto como el comercio, pues nuestras pautas de navegación, analizadas por el algoritmo adecuado, pueden reflejar qué cómo y cuándo compramos. Y este sería sólo un caso práctico más o menos inofensivo.

Pero la red sabe mucho de nosotros, más de lo que imaginamos. Y dependiendo de en qué manos caiga esa información, puede no ser, o ser, preocupante. No nos extraña que las páginas que visitamos nos ofrezcan ofertas de viajes tras haber realizado una búsqueda sobre una ciudad con atractivo turístico. Eso es sólo parte del precio que pagamos por un acceso "gratuito" a la información. Pero al igual que nuestro rastro es utilizado para fines comerciales, puede ser utilizado para cualquier otro. No es extraño que al hacer una entrevista de trabajo, el entrevistador sepa de antemano a qué dedica el tiempo libre o a quién vota su aspirante. Hacienda ha anunciado que rastrea hábitos de los ciudadanos para buscar defraudadores, lo que deja entrever que los gobiernos, aun democráticos, controlan la vida digital de sus administrados.

El fotógrafo ruso Egor Tsvetkov decidió comprobar el alcance de nuestro rastro digital cruzando dos simples técnicas: hacer una foto en la calle a un desconocido y contrastar esta imagen con una herramienta de reconocimiento facial. El resultado es que aproximadamente el 70% de las personas entre 18 y 35 años son reconocidas e inmediatamente la red arroja gran información sobre ella. Sin duda, esta noticia deja en entre dicho nuestra privacidad y debería hacer que nos replanteáramos qué datos personales exponemos en la red.

24 jul. 2016
Mosaicos digitales

La localidad portuguesa de Caldas da Reina conjuga en sus calles la postmodernidad del mundo digital con la tradición de la calzadinhas. Así, en sus rutas de interés turístico encontraremos códigos Qr hechos en los tradicionales mosaicos de piedra blanca y negra. De esta manera, si además de dejarnos perder en el encanto de sus calles queremos saber más y no queremos perder tiempo en ir a una oficina de turismo, podremos descargar directamente información de la localidad en nuestro dispositivo móvil cuando este descifre la dirección web que alberga el gráfico.

Una idea que pone en valor la tradición sin romper con la modernidad, al tiempo que respeta la estética tradicional.

26 jul. 2016
Imagen digital

Hemos puesto en valor en más de una ocasión la importancia que tiene vigilar nuestra imagen digital. Tanta más cuanta más repercusión pública tenga nuestra imagen. En el caso de personajes más o menos populares, se hace vital importancia

esta cuestión so pena de poder caer en el ridículo. En esta ocasión le toca el tuno Leticia Sabater, antaño presentadora y ahora personaje distópico venido a menos. Tras promocionar en twitter su abstracta canción la salchipapa, no fue capaz de capar la ironía de un follwer y estalló con un lenguaje soez y grosero.
Tras la aclaración sosegada de @LalaChus3, @Sabaterleticia vuelve a hacer gala de su poca empatía y mucha zafiedad. Un twitter lleno de insultos y faltas de ortografía, que dice poco de alguien que pretende ocupar parte de la vida pública. Y un twitter que se convierte en una tarjeta de visita que muestra el nivel de la presunta cantante. En estos casos cobra importancia la figura del community manager como gestor de imagen digital de aquellos que, aún necesitándolo, no pueden o saber gestionarla. El community deber transmitir un perfil correcto y cercano a su representado. Así, al hacernos cargo de @Sabaterleticia no deberíamos esforzarnos en contenidos demasiado profundos, pero sí, al menos, deberíamos evitar salidas de tonos, insultos o contenido soeces.

30 jul. 2016
¿Quiénes son las redes sociales?

¿Existen las redes sociales? ¿Quiénes o qué son las redes sociales? ¿Cualquier internauta tiene la misma posibilidad de difusión en la red? Desde luego, los medios o las redes, concepto aún más ambiguo que aquella locución, casi trasnochada, de "lo he visto en internet", lo hacen sus usuarios. Pero no podemos obviar la presencia de una jerarquía a la hora de distribución de contenido. Al igual que en la vida real, en los medios digitales existen perfiles más comunicativos y otros más propensos a sufrir el ostracismo. No todos lo usuarios parten de cero, trasladando su impronta desde el mundo convencional. Sin embargo, hay casos de perfiles puramente digitales que disociados de la identidad analógica de su creador, lograr acaparar una apreciable notoriedad. Además, también se puede dar el caso opuesto, en el que alguien medianamente popular en escenarios analógicos no coseche más que sinsabores en su vida digital.

Al igual que hacienda, todos somos internet. Aunque sólo sea para figurar y hacer bulto

3 ago. 2016
Internet Hall of Fame

Internet es un espacio donde un hecho o una persona pueden cobrar fama mundial de manera repentina e inesperada. Sin embargo, dentro de la infraestructura de la red, hay también personajes que por derecho propio, y por lo que han contribuido a que Internet sea lo que es (estructuralmente se entiende) merecerían un reconocimiento que el gran público no les concede. Para ellos existe el pórtico de la fama (Hall of Fame). A modo de museo virtual, podremos encontrar información sobre la evolución temporal y los principales hitos de la red, así como de las personas que marcaron estos momentos decisivos. Sin duda, un bonito homenaje que los afortunados elegidos sabrán apreciar.

10 ago. 2016
Topos y trolls ¿la verdad está en internet?

Trip Advisor es una web que condiciona las decisiones de muchos consumidores de servicios turísticos. De hecho, el gran valor de esta empresa, de modelo digital puro, se basa en el capital humano altruista de colaboradores repartidos por el mundo entero, que a su vez aprovechan a las aportaciones de otros comuneros desconocidos. De hecho, no es necesario ser usuario registrado para acceder a esta fuente de saber popular, pues su contenidos son de acceso abierto. Pero no es la única página basada en la opinión de los usuarios. Incluso las páginas que venden productos no propios, como Amazon, permiten que los compradores hablen de su experiencia de compra de un bien para que el resto de compradores tenga un punto de referencia para apoyar su decisión.

Aparentemente, un espacio puro de inteligencia colectiva. ¿Siempre es así? Aunque no ponemos en duda la buena fe de la mayoría de los usuarios que dedica parte de su tiempo a compartir su experiencia con los demás, en la red abundan topos y trolls que opinan mal de la competencia y alaban lo propio. En un restaurante u hotel con mil opiniones, es difícil forzar una opinión. Pero en un local medio, con treinta o cuarenta críticas, es fácil que desde la propia dirección se generen usuarios fantasmas que aporten críticas laudatorias. De igual modo, los portales de ventas tipo Amazon están deseosos de críticas positivas que fomenten una venta. Podrá ser indiferente que el cliente compre la batidora A o B, pero sí es importante que el cliente compre.

Como siempre, serenidad y sentido común. No podemos creer todo lo que leemos en internet, es necesario contrastar fuentes y recurrir a espacios fiables.

17 ago. 2016
Mercados tecnológicos, tecnologías en el mercado

Internet es el gran zoco del siglo XXI. Ebay, Mercadolibre, Alixpress y unamultitud de páginas ponen en contacto vendedores y compradores de todo el mundo de manera sencilla y rápida. En estos ciberbazares podemos encontrar venta entre particulares, restos de grandes marcas y desestocaje de vertederos tecnológicos orientales. Pero el propio atractivo del medio hará que un tipo determinado de clientes compre de manera compulsiva en la red, sin que ello sea signo de economía ni de sensatez. Así, el comercio digital se disfraza de un aura de modernidad que en algunos casos esparcirá productos inservibles o caducos. El glamour estará en la propia compra más que el producto en en sí.

20 ago. 2016
Google reseñas, el gran hermano que todo lo ve y todo ofrece

Para Rosa de Luxemburgo, quien no se mueve, no siente sus cadenas. Aldous Huxley, en su Mundo Feliz, trata este mismo tema de manera más holística y compleja, reflexionando qué aspectos deberían ser liberalizados para consumo conspicuo y masivo y cuáles deberían permanecer bajo control de las élites gobernantes. Y, dependiendo de los aspectos considerados tabú y los que deberían ser banalizados, se conformaría un tipo de sociedad u otra. Así, frente a las sociedades convencionales de la época, años 30 del pasado siglo, el mundo feliz, venidera utopía en el ideario del autor, Huxley nos vendería una sociedad en la que el trabajo sería en cierta medida una manera de mantener entretenidos a los integrados en el sistema, y el sexo una válvula de escape y entretenimiento cotidiano. Pero si estas dos variables sociales pueden ser consideradas una generalización respecto a los elementos de control social de la época (extensibles al presente si se quiere), no dejarían de ser dos opciones más de control y sometimiento, como describiría unos años más tarde George Orwell en su distopía 1994.

En la actualidad, Google ejerce esa doble postura huxley-orwelliana del material que es lícito consumir y rediseña una nueva sociedad de consumo adaptada a la realidad digital que gesta y domina. Este dominio se basa en absorber no sólo a la competencia empresarial, sino en fagocitar todo el contenido social que se genera en la red. El espejismo 2.0, que proyecta un paradigma de usuario prosumidor que consume y produce contenido, no deja de ser un tentáculo más del entorno de control de Google. Así, las reseñas y opiniones de usuarios, decisivas en entornos como Ebay Amazon, TripAdvisor o Booking, corren el riego de ser absorbidas por el sistema de Google Reseñas, potenciado por su programa Local Guides. Una base de datos todopoderosa y única que recoge la opinión global de la red como elemento orgánico. Una opinión que digiere, amasa, procesa y vende en forma de imagen única que pasa a ser imitada y consumida por la comunidad internauta global. Un proceso circular y cíclico que depura y asimila lo que ingiere y lo ofrece de nuevo como un tótem para una humanidad ávida de consumo de nuevos hábitos.

En un nuevo mundo en el que aparecen nuevas religiones, mitos y dogmas, Google se erige como agente de la creación absoluta, garante de lo que es válido y de lo que debe ser reprobado. Lo normal es adaptarse e integrarse es esta nueva tendencia. En ese caso, no se sienten las cadenas a las que se refería Luxemburgo. Para sentir las cadenas de control, basta con coger un smartphone con Android, crear una cuenta de Google y observar como el gran hermano digital es capaz de prever lo qué nos interesa, cómo pensamos qué compramos y cómo pensamos. Además, lo hará con una precisión terrorífica.

25 ago. 2016
25 aniversario de Linux

El 25 de agosto de 1991 Linus Torvalds anunció que estaba "creando un sistema operativo", diciendo que lo hacía "solo por hobby". Ese hobby se ha convertido en una revolución en el mundo de la informática, y cada vez más usuarios apuestan por alguna de las numerosas distribuciones de código abierto.

En el mercado smartphone, Android, producto derivado de linux, ha copado el mercado, por encima de cualquier otro competidor hasta tal punto que excepto Apple, ningún otro le ha aguantado el tipo. También se mantienen intratables en el ámbito de las supercomputadoras, donde es un referente casi exclusivo.

Así pues, felicitemos a Linux y agradezcamos a Linus Torvalds su regalo, sin el que no se entendería el panorama informático actual

4 sept. 2016
Brave New World o el nuevo orden mundial

Últimamente está de moda acusar a EE.UU. o la U.E. de lo mal que funciona el mundo, de su insensibilidad ante los problemas en oriente medio o de su hipocresía. Sin aceptamos estas premisas estamos obviando que en el nuevo orden mundial las cosas están cambiando y que el peso tradicional de occidente está basculando hacia otros ejes geopolíticos. EE.UU y la EE.UU suman apenas el 10 % de la población mundial y su poder comercial o militar poco puede hacer frente a los nuevos tipos de guerra o frente a otras alianzas supranacionales como la Organización de Cooperación de Shanghái, con cuatro países que aúnan casi la mitad de la población mundial. La problemática de inicios del siglo XXI es compleja. Nos quedan por ver grandes cambios en los próximos años. Y habrá que buscar otros culpables. Sin duda, la aparición de nuevas alianzas estratégicas y la reactualización de viejos intereses y diatribas, amparados por una tecnología global homogeneizadora nos presentará un espectáculo sin precedentes del que seremos espectadores privilegiados. Aunque el privilegio puede ser efímero. Sobre todo acostumbrados como estamos a vivir en el lado dulce del planeta y adormecidos por la opulencia de nuestro irresponsable e insolidario consumo.

Organización de Cooperación de Shanghái
8 Estados miembros: República Popular China China, Kazajistán, Kirguistán, Rusia, Tayikistán, Uzbekistán, India, Pakistán

China 1357 millones de habitantes
India: 1252 millones de habitantes
Rusia: 144 millones de habitantes
Pakistán 200 millones de habitante

4 Estados Observadores: Afganistán, Bielorrusia, Mongolia, Irán

Socios de diálogo: Armenia, Azerbaiyán, Camboya, Nepal, Sri Lanka, Turquía,

Otros interesados: Bangladés, Siria

7 sept. 2016
La guerra simbólica: ISIS vs Occidente

En los últimos días, algunas administraciones locales francesas se han tomado la justicia por su mano y han prohibido el uso del burkini en sus playas. El Consejo de Estado Francés se ha pronunciado rápidamente en contra. Y el tema no deja de ser complicado ¿se puede prohibir un símbolo religioso en país democrático? ¿Se debe permitir la ostentación de símbolos que en occidente pueden ser considerados denigrantes para la mujer pero que en la cultura originaria de las usuarias es moneda corriente? Sin duda, cuando hacemos referencia a lo simbólico, la diatriba puede adquirir una dimensión tal que la solución de la misma se aleje con cada argumento expuesto en uno sentido. Y fue un sociólogo francés, Pierre Bourdieu, quien describió esta violencia simbólica

La guerra simbólica es una dimensión más de esta nueva forma de terror contante a la que nos vemos sometidos. Francia (liberté, égalité et fraternité) está en el punto de mira de una legión de tarados precisamente por eso, por los tres ideales contemplados en su divisa nacional. Y si el ISIS ha declarado la guerra a Francia (también a España, Italia EE.UU o Rusia, en uno de los últimos vídeos difundidos), Francia ha hecho lo mismo con el ISIS. Pero es una guerra intangible ¿Qué o quiénes son el ISIS? ¿La panda de barbudos malolientes que decapita y viola semejantes o los que desde despachos dirigen el juego exonerados de toda culpa por su corbata o por un turbante de seda? Ante la intangibilidad de esta nueva forma de guerra, la acción más palpable es la violencia simbólica.

Si París se ve obligada a blindar sus símbolos de libertad (Marianne en la Place de la République o la Torre Eiffel) ante la amenaza yihaidista, de manera paralela el estado galo atacará una simbología que, de una u otra manera, su enemigo hace suya e impone en sus feudos. Por otra parte, no olvidemos que es un estado oficialmente laico cuyos orígenes, hace algo más de dos siglos, se basan ante la lucha contra el antiguo régimen, una estructura social desigual y polarizada, amparada por la iglesia católica. Es decir, no es de extrañar que un estado aconfesional luche con los símbolos religiosos foráneos en su espacio de influencia territorial cuando, precisamente, su aparición se debe a la lucha contra una religión opresiva -la católica, en aquel entonces- y que ese hecho marca el inicio del estado moderno.

11 sept. 2016
La guerra digital: ISIS vs Occidente (II)

Cuando a principio de los 80 Hollywood llevó a la gran pantalla Juegos de Guerra, la cultura mainstream nos hizo imaginar complicadas tecnologías al alcance de unos pocos, capaces de destruir el planeta. Sin embargo, tres décadas después, la guerra digital ha alcanzado otras connotaciones muy diferentes y no imaginamos que nuestro final venga marcado por la explosión de un misil nuclear lanzado desde el espacio por potencias enemigas. Más bien, podemos imaginar un apocalipsis servido en pequeñas etapas, sembrando muerte y destrucción con técnicas más mundanas y tecnologías muy básicas, tal como estamos viendo en los últimos años en los enfrentamientos entre un intangible ISIS y su enemigo imaginario. A fin de cuenta, no dejan de ser entes complejos, ambiguos, difíciles de explicar y definir: occidente, los infieles, los cruzados el estado islámico... son términos que la propaganda belicista utiliza para captar la atención de "guerreros santos". Por otra parte, los gobiernos occidentales aprovechan la sensible situación para generar una sensación de miedo permanente, sometiendo a sus ciudadanos a una situación de alerta permanente y de desconfianza, lo que lleva a éstos a aceptar ceder parte de su intimidad en nombre de la seguridad.

La redes sociales juegan un papel en la nueva yihad 2.0. a través de Twitter o Facebook. Los islamistas encapuchados desarrollan y divulgan su maquinaria bélica y sus "hazañas" a través de estas nuevas herramientas que, por una parte rechazan por ser tecnología de occidente, pero que por otra ansían por ser ellos mismo elementos de este desarrollo comunicativo global. Así, en una contradictoria relación de amor-odio, anclados en una moral medieval, recurren a tecnologías de comunicación del siglo XXI donde exhiben sus fechorías y captan nuevos adeptos entre incautos e incautas que abandonan su vida mundana para alcanzar la "vida eterna" inmolándose al grito de Al·lahu-àkbar.

17 sept. 2016
Internet y Millenials ¿simbiosis, comensalismo o parasitismo?

Quienes han crecido con la red han sabido ver nuevas formas de mercado y nuevas vías de empleo en el mundo digital. Las generaciones Y (Millenials) y Z, o nativos digitales según el ideario prenskyano, han construido su semántica lógico-cultural rodeados de aparatos tecnológicos y conexión permanente a recursos digitales. Sin embargo, al contrario que George Siemens al afirmar que la tecnología es la ideología, desde aquí queremos apuntalar la crítica al pensamiento de Prensky, pues disponer de una tecnología no quiere decir que todos los coetáneos se vean involucrados en su desarrollo de la misma. Fomentar el desarrollo crítico y reivindicativo de la persona es un requisito por encima de cualquier premisa tecnológica. Internet, paradójicamente, no es un producto creado por Millenials. Los mercados no miran la fecha de nacimiento de los inversores y el poder económico no suele recaer en los más jóvenes. En cuanto a las fases de mercadeo, complejos equipos multidisciplinares se ocuparán de vender el producto, sea cual sea. Así, además de una dimensión tecnológica apasionante y otra sociológica no menos fascinante, Internet es un producto de consumo que genera un lucro desmedido a las empresas que posibilitan su desarrollo y que a fin de cuentas, las podemos contar con los dedos de una mano. Así, parte de los triunfadores de la generación red, no todos, no dejan de ser productos de consumo creados en el espacios residuales del sistema, meros objetos más de este espacio mercantilizado como podría haber remarcado Baudrillard al concebir que el ser humano es un elemento más al servicio del complejo sistema de consumo.

Essena O'Neill es un caso que ilustra la decepción cuando el éxito efímero que proporciona la red desparece. Este extremo sucede bien porque los consumidores eligen otro objeto de culto o bien, como ocurre con Essena, porque sencillamente la motivación de la estrella digital de esfuma. A sus 18 años, ganaba miles de dólares como modelo en Instagram. El sueños de cualquier usuario de la red: hacer de su pasión una profesión, y muy bien remunerada. Sin embargo, de repente, la joven australiana borró 2000 fotos de su cuenta y cambió el estado de la misma a un desconsolado "Las redes sociales no son la vida real". Como explicación, anotó que "Sin darme cuenta, he pasado la mayor parte de mi adolescencia siendo adicta a las redes sociales, a la aprobación social, al estatus social y a mi apariencia física [...] Las redes sociales, especialmente del modo en que las he usado yo, no son reales. Es un sistema basado en la aprobación social, los me gusta, la validación con visitas, el éxito con los seguidores. Está perfectamente orquestado, un juicio ensimismado."

La recompensa de la joven modelo no era nada desdeñables, 400 dólares por una foto cuando su cuenta tenía 150.000 seguidores, 2.000 cuando alcanzó el medio millón. A pesar de ello, perdió el interés en lo que había venido haciendo en los últimos tiempos. Sin duda un caso extremo, poco habitual, pues lo normal es que las estrellas del silicio desaparezcan por olvido de sus audiencias, que es lo que hace que un perfil sea cotizado.

24 sept. 2016
Cazando en realidad aumentada

La realidad virtual se quedó atrás. O tal vez, sí se quiere, ha dado paso a un nivel superior: la realidad aumentada. Y este verano la hemos vivido en nuestras calles. Y también en los índices bursátiles de todo el mundo. Cuando Nintendo lanzó la aplicación para cazar pokemons, tal vez no calibró o no pudo prever en ningún caso, el éxito de su criatura. Hemos visto a diario por los emplazamientos más inverosímiles una legión zombis cibernéticos, con su cabeza orientada hacia la pantalla de sus dispositivos móviles, dispuestos a cazar pokemons virtualmente geolocalizados. Tal vez nos encontremos ante una nueva dimensión del entretenimiento que viene a concentrar elementos ya trabajados en el mundo del videojuego por separado. Y la unión de todas estas facetas (geolocalización, multijugadores en red, participación remota, creación de escenarios por el usuario...) ha generado una nueva forma de juego que, a buen seguro, va a revolucionar las nuevas formas del ocio digital.

30 sept. 2016
Yo, robot contribuyente.

Homo sapiens es ciborg por naturaleza. Quizá sea esta una de las principales diferencias respecto al resto de formas de vida existentes en el planeta Y es que la evolución de los seres humanos está ligada al uso de distintas tecnologías y herramientas. Somos ciborgs desde nuestros orígenes, hasta en las más idílicas cosmogonías. En la actualidad, la investigación en inteligencia artificial está construyendo escenarios totalmente robotizados, lo que ha generado esperanzas y desasosiegos, voces de optimismo y rechazos profundamente ludistas.

Aunque la investigación y el desarrollo de estas tecnologías recae principalmente en sociedades privadas, los gobiernos no han permanecido ajenos al fenómeno, y la Unión Europea, a través de un borrado hecho público por su Comisión, pretende que algunos de estos ingenios tecnológicos, al menos los más sofisticados, sean considerados personas electrónicas y que coticen a la seguridad social. El tema puede ofrecer cierta controversia, pues, aunque las administraciones argumenten que la implantación de sistemas robotizados creará desempleo, los fabricantes de estos ingenios podrían llegar a plantear que sea la propia seguridad social la que ofrezca "asistencia sanitaria electrónica" a estos personajes. Un debate apasionante, sin lugar a dudas.

13 oct. 2016
Galaxy Note 7, la bomba de Samsung

El nuevo escenario tecnológico, además de un generador de cambio social de primer orden, se convierte en un boletín comercial global y en un aparato publicitario que incentiva al consumo conspicuo. No es la primera vez que en este espacio hemos tratado la dimensión casi dogmática de Apple, que tras

superar su dimensión tecnológica y comercial se dota de un aura cuasi divina. Android se planteaba como la alternativa pragmática; un sistema operativo libre adoptado, desarrollado y mejorado por un nutrido grupo de fabricantes que atendían un mercado mayoritario y muy heterogéneo. Así, bajo una interfaz similar, podríamos encontrar desde dispositivos de gamas básicas fabricadas por desarrolladores desconocidos hasta aparatos punteros presentados por marcas de prestigio. Sin embargo, el fracasado lanzamiento del Samsung Galaxy Note 7 ha supuesto un mazazo para la compañía surcoreana que lleva una caída de casi un 10% en bolsa. A pesar de ello, el prestigio acumulado y la generosa inversión de branding permite un amplio margen de maniobra a la compañía, que rápidamente se ha mostrado dispuesta a devolver el dinero de los clientes que se hubieran aventurado a comprar el nuevo lanzamiento
de la marca.

Pero el hecho marcará un hito en la historia de la marca, pues es la primera vez que un dispositivo de alta gama presenta un fallo de tal calibre.

19 oct. 2016
Las redes sociales están que arden

En la era digital, el periodismo tradicional ha sufrido un duro revés. La prensa tradicional no ha sabido en multitud de casos adaptarse a la influencia de estas nuevas tecnologías que, como ha venido ocurriendo en otros momentos de cambios profundos en la historia de la humanidad, ha condicionado y transformado los modos de pensamiento y los hábitos socioculturales.

En multitud de ocasiones, los medios convencionales de pequeño calado han desaparecido o se han convertido en entornos de opinión digital. Los más grandes, han buscado conjugar su presencia en papel con el dominio de la transmisión de la información en internet, aún a sabiendas de lo difícil que es controlar el alcance de la misma y del enfrentamiento con los grandes generadores de opinión e información, como puede ser Google y herramienta de información Google News. En un tercer caso, encontramos como grupos de opinión extrarradio aprovechan la situación y gracias a la presencia globalizada que ofrece la red, intentan generar "periodismo digital" pero tomando como apoyo casi exclusivamente el principio de autoridad que, para gran parte de los usuarios, ofrece internet.

La nueva prensa establece un perverso vínculo con las redes sociales, a las que a veces inundan de opinión e información y de la que otras veces se nutren rozando la mezquindad. Así, ante la falta de veracidad de una fuente, la prensa remite el mantra de las redes sociales arden para justificar su falta de rigor al robar opiniones parciales y arbitrarias de los internautas. Impunemente toman publicaciones o tuits como medio para justificar la pertinencia de su noticia.

El vídeo no fue capaz de matar a la estrella de la radio, pero internet seguro que arrastrará y obligará a reinventarse al periodismo de bajo calado.

23 oct. 2016
Facebook estimula la comunicación

Pensar que usar Faceboook es gratuito no es del todo correcto. A priori, crear una cuenta de usuario no cuesta nada y no compromete a nada. Pero una vez que comenzamos a interactuar y a operar dentro la red social, nuestra actividad ofrece una información muy valiosa que los algoritmos de la red azul identificarán, extraerán y trataran de manera que aporte grandes beneficios a la empresa. Las fotos y noticias que subimos y/o compartimos, los me gusta, el texto que incluimos en nuestros mensajes privados... genera un banco de información de dimesiones descomunales.

Por lo tanto, a más cantidad de datos generados, más posibilidades ofrecemos al prestador del servicio y más transparentes no mostramos ante sus ojos. Hasta tal punto que el chat de Facebook nos comenzará a sugerir temas de conversación con nuestros contactos. Un estimulo para hacernos hablar y para que el gigante telemático nos conozca aún mejor.

26 oct. 2016
Big Data al servicio de la represión

Somos transparentes y previsibles. En Internet lo somos aun más. Google nos cataloga como consumidores y nuestra actividad, tal como comentamos en el último post, genera riqueza para estas empresas. Así, a pesar de no pagar nada, su uso no es gratuito: pagamos con nuestra intimidad y cedemos nuestro perfil social que es vendido en nuestro nombre al mejor postor.

Por su parte, los gobiernos pueden utilizar nuestra actividad en la red para clasificarnos como masa fiel o insurrectos. Nuestra actividad en twitter o facebook tiene sus consecuencias. En concreto, China intenta implantar un sistema de catalogación de información que clasifique a los ciudadanos o a las empresas según su fidelidad hacia el régimen y, partir de este particular ranking, premiar o castigar la disidencia o la convergencia. Sin duda, la digitalización de los patrones de comportamiento permite establecer, en base a una serie de criterios básicos, el posicionamiento del internauta. Y para un gobierno, internet es una herramienta de control del pensamiento tan eficaz que Orwell no hubiera podido encontrar un mejor sistema: una herramienta que permite controlar la difusión de la información y, por lo tanto, del pensamiento. Y es a tiempo real y con una pasmosa facilidad de gestión y tratamiento. Así pues, bajo esta tesitura, la red se convierte en una trampa, en una tautología, donde conviven en estrecha intimidad la libertad y la represión y el Big Data no deja de ser el archivo de la gestapo digital del siglo XXI.

1 nov. 2016
Computer Space, el primer videojuego

En noviembre de 1971, hace ya 45 años, se lanzó comercialmente Computer Space, el primer videojuego de monedas. Este software condicionó el desarrollo de los posteriores juegos tipo arcade. Sin embargo, su aceptación fue desigual: popular en los campus universitarios, no tuvo una aceptación clara en los bares, por ser considerado un juego difícil. Sin embargo, abrió las puertas a un nuevo tipo de entretenimiento que compartiría espacio con los clásicos pinballs hasta que estos fueron finalmente fagocitados. Nolan Bushnell y Ted Dabney desarrollaron el juego, que fue fabricado y distribuido por Nutting Associates e iba instalado en su propia máquina recreativa. Sin embargo, terminó siendo un fracaso comercial.

Al año siguiente, Nolan y Ted crearon Atari, y a partir de ahí no hubo marcha atrás. Una vez iniciado el camino, numerosas empresas comenzaron a desarrollar ocio digital y las salas de juego se llenaron de estos primeros videojuegos, cada vez más complejos y extravagantes. Posteriormente, ordenadores de uso domésticos y consolas los metieron en los hogares. Una nueva forma de entender el juego y el ocio en la sociedad digital que creó una compleja subcultura que en la actualidad mueve un importante mercado y condiciona en cierta medida las innovaciones informáticas, con procesadores y tarjetas gráficas cada vez más potentes para poder ejecutar software que nos traslada a a universos virtuales que poco envidian a la realidad.

6 nov. 2016
Caída en picado (Nosedive)

Ha vuelto Black Mirror a Netflix con su visión distópica de las sociedad de la información. Y en su primer episodio retrata una sociedad eternamente conectada, móvil en mano, donde sus convecinos están dispuestos a valorar el más mínimo gesto de aquellos con los que van interactuando a lo largo del día.

Pero yendo más allá, el alcance de esta valoración no se queda en el mundo virtual, sino que condiciona la vida fuera de las pantallas, marcando los eventos cotidianos a los que los usuarios podrían o no acceder en función de su puntuación. La historia plantea una cierta sensación de asfixia que obliga a actuar de cara a la galería en el devenir cotidiano por estar sujetos a una evaluación constante del otro. Una evaluación externa, anónima a veces, que mantiene una duplicidad de la personalidad voluble en todo momento y que presenta una catalogación del ser humano por parte de iguales, pero asistida por una perversa red telemática.

12 nov. 2016
Los personajes de la sociedad del Espectáculo

La sociedad del espectáculo es un escenario habitual, paralelo e indisoluble a la Sociedad de la Información. A fin de cuentas, la tecnología no deja de ser un soporte sobre el que podemos construir una serie de realidades a imagen y semejanza nuestra. A veces serán imágenes positivas, otras, proyecciones menos afortunadas. En torno a esta sociedad del espectáculo, podemos identificar una serie de personajes que juegan un rol determinado y pululan a la búsqueda de la fama más o menos efímera. Vamos a intentar repasar y clasificar algunos de estos especímenes.

Políticos: el parlamento se convierte en un espectáculo como un elemento más de consumo para la sociedad de masas. Los representantes políticos españoles, atraídos por esta popularidad chabacana, no dudan en buscar horas de televisión. Si hay que debatir y sacar lo trapos sucios en programas de debate, se hace, y si hay que pasearse por programas como Sálvame, también se hace. De igual manera, las redes sociales se convierten en un espacio de incalculable valor a la hora de captar votos.

Deportistas: Hay deportes con más tirón que otros, pero el fútbol llega a estado de semireligión. Y para muestra, el tiempo dedicado por la televisión. Absorbe el período de deporte de los telediarios, cuenta con maratonianas emisiones específicas en radio, prensa escrita y televisión y hasta canales específicos. Las cuentas de Twitter o las páginas de Facebook de de estos nuevos evangelizadores del consumo son seguidas por legiones de fans deseosos de recibir "instrucciones" de sud ídolos.

Famosetes y héroes de lo chabacano: los hijos de famosos, acostumbrado a vivir de la farándula y sin otro mérito que su pedigree, intentan en muchas ocasiones seguir los pasos de sus progenitores. A ellos se unen una troupe de aspirantes dispuestos a traspasar cualquier código ético o moral con tal de alcanzar el ansiado minuto de gloria. Innumerables realitys y programas de "debates" se encargan de darles este escenario donde desarrollar sus "capacidades".

La televisión, medio homogeneizador por excelencia, se adapta a la dimensión transmedia de esta sociedad de pantallas y crea héroes efímeros del siglo XXI.

19 nov. 2016
El nuevo mercado laboral

Un periodo de diez años en nuestra vida no es gran cosa. Sin embargo, si al despertarnos hoy hubiéramos vuelto diez años atrás, notaríamos que nos faltarían muchas cosas. A la inversa, si nos al ir a dormir la noche del 18 de noviembre de 2006 nos hubiéramos despertado en el día de hoy, nos sentiríamos extraños, fuera de contexto. La sociedad del conocimiento avanza a pasos agigantados cada día, y si hacemos una recopilación de todos los cambios tecnológicos y sociales acumulados en una década, podríamos sentirnos apabullados. Estos cambios, lejos de tender hacía la estabilización, seguirán una tendencia alcista y nuestro entorno seguirá transformándose y digitalizándose.

El mundo laboral, evidentemente, se ha visto y se verá muy marcado por este proceso. El Índice de Capital Humano del World Economic Forum, en un estudio retrospectivo recoge diez profesiones que no existían hace diez años y se atreve a vaticinar que el 65% de los alumnos que hoy están en primaria trabajarán en una profesión que aún no existe en la actualidad. Estas son las diez profesiones de nueva creación recogidas por el citado organismo:
1. Desarrolladores de Apps
2. Social media manager
3. Conductor Uber
4. Ingeniero de coches sin conductor
5. Especialista de la nube
6. Analista Big Data
7. Manager de sostenibilidad
8. Creador de contenidos Youtube
9. Operador de drones
10. Expertos en la generación del milenio

23 nov. 2016
Aislamiento digital

Recientemente la dirección del General de la Policía ha aconsejado que para reducir el tema de acoso a través de los medios digitales la mejor solución es que los jóvenes y adolescentes prescindan del uso de estas tecnologías. Convencida de que muerto el perro se acabó la rabia, Esther Arén Vidal, Inspectora Jefe del Cuerpo Nacional de Policía recuerda que "los especialistas dicen que con menos de doce años no se les debe dar un móvil, y menos con conexión a Internet. Whatsapp no se debe tener hasta los 16 años, lo dice la propia red Whatsapp, y eso casi nadie lo sabe".

Sin embargo, el móvil y la hiperconexión se han convertido en elemento y agente imprescindibles para la completa integración ciudadana de los usuarios de las tecnologías de la información. La enculturación, que consiste en la aceptación de las normas, valores y reglas de un determinado sistema cultural, casi obliga a los jóvenes a participar de este tipo de herramientas para alcanzar un completo desarrollo sociocultural del individuo. Consideramos por lo tanto que es imprescindible la digitalización y la educación digital temprana y qué tal vez haya que buscar la solución al problema en otros lados y no delimitando el uso de los usuario.

27 nov. 2016
Prensa en la era de Internet: el periodismo low-cost

Los periódicos en papel estaban en caída libre desde hacía años. La respuesta a esta tendencia no es simple ni monocasual. Sin embargo, queda bien buscar enemigos externos, se ha venido acusando a Internet de la desaparición de rotativos a lo largo de todo el planeta. Algunos han aguantado el tipo con versiones en papel y en digital, otros han desaparecido y otros han resuelto la situación conservando exclusivamente la versión digital.

Sin embargo, Internet es una gran plataforma para conseguir una difusión global con un coste relativamente pequeño. Montar un periódico se convierte en una tarea relativamente sencilla, pues se eliminan costosos y complejos procesos de elaboración y distribución y el grupo editorial sólo necesita el capital humano que ponga en pie los contenidos que nutrirán el diario. De esta manera han aparecido gran cantidad de "periódicos" digitales que gracias a la tecnología informática han alcanzado una difusión que antes nunca habrían conseguido. Muchas veces estos "periódicos" responden a la egolatría del personaje mediático que los crea y sirven más apoyar sus desvíos que para informar. Suelen encarnar una postura extremadamente parcial y defienden una posición ideológica muy marcada. Los contenidos ofertados se alejan la ética deontológica del periodismo convencional y no dejan de ser un conjunto de mensajes destinados a ensalzar o destruir un determinado personaje o corriente ideológica. Sin embargo, y como siempre hay roto para un descosido, estos panfletos virtuales, tienen sus adeptos. A fin de cuentas cada cual lee lo que quiere que le cuenten, ya que no vemos el mundo como es, lo vemos como somos. Dispuestos a publicar mentiras y sin importarles la de veces que tengan que batallar en los juzgados, ejemplo de estas publicaciones podrían ser Libertad Digital, Diario OK o El Plural. En este caso se demuestra que el mayor peligro para el periodismo no está en internet, sino en la calidad de la prensa.

30 nov. 2016
Odio nacional, la previsión apocalíptica de Netflix

Desde hace un par de décadas, numerosos colectivos han venido denunciando la reducción del número de abejas en la naturaleza, un insecto imprescindible para la polinización y del que depende, en gran medida, la producción agrícola. En 2014 la UE hizo un primer estudio de mortalidad de abejas que arrojó cifras de entre el 3,5% y el 33,6%, según países. En tal extremo, se ha llegado a afirmar que si desaparecieran las abejas, la humanidad se vería seriamente perjudicada por la dificultad que encontraría para producir alimentos.

El sexto episodio de la última temporada de Black Mirror fue estrenado por Netflix hace un mes. "Odio nacional" (Hated in the Nation) articulaba su historia en un futuro reciente en el que, debido a la desaparición de las abejas, una empresa desarrolla unos drones autoreplicantes en forma de tan necesario insecto, para que continuara con las mismas funciones de su homólogo biológico. Sin ir más allá, para no hacer spoiler a los lectores de este espacio, nos quedamos con la casualidad a la que se enfrentaría un grupo de científicos de la Universidad Politécnica de Varsovia que pondrán en funcionamiento el próximo año la primera generación de abejas drones polinizadoras. Sin la trama conspiradora que Netflix monta alrededor del hecho, el ingeniero Rafal Dalewski y su grupo de investigadores presentan un biodron capaz de polinizar plantas y que puede ser programado, indicándole el tipo de flores a polinizar o el espacio geográfico sobre el que actuar. Dalewski bromea afirmando que hace casi todo lo que una abeja de verdad, excepto miel.

El insecto ciborg también encuentra mercado en la agricultura de precisión permitiendo fertilizar o aplicar pesticidas de manera controlada. Tras una serie de trabajos experimentales exitosos, en 2017 comenzarán a trabajar los primeros prototipos y en dos años serán comercializados. Sin duda, la tecnología acabará transformando todos los rincones sel planeta y cada día encontramos noticias, como esta, que nos sorprenden.

3 dic. 2016
Políticas digitales

Hace casi dos años, el 16 de diciembre de 2014, Google News cerró su servicio en España debido a la nueva Ley de

Propiedad Intelectual. España se convirtió así en el primer país del mundo que cerraba este servicio. Meses después, el mismo ejecutivo se sacaba de la manga una ley de seguridad ciudadana que seguía restringiendo libertades e imponía limitaciones para algunos de los servicios de la sociedad de la información. Hace un mes, con el mismo partido en el poder, se registraba una Proposición no de Ley para modificar la Ley Orgánica de 1983 que regula el derecho al honor. Sin duda, un panorama que nos hace retrotraernos a otros periodos de nuestra historia reciente.

Sin embargo, no es cuestión de ideologías. François Fillon, antiguo primer ministro de Francia con Nicola Sarkozy y candidato a las elecciones presidenciales francesas por Les Républicains, se declara un apasionado de las tecnologías de la información al que le encanta estar a la última (Je suis un vrai geek [..]j'adore essayer toutes le noveautés), lo que sin duda impregna su programa electoral. El candidato conservador promete avanzar en una serie de puntos apoyado por la figura de un Alto comisario de transformación digital. Algunos de estos elementos son:

Más informática en la escuela, para que desde primaria se enseñen los rudimentos del pensamiento informático. Para ello quiere convertir en digital el 25% del curriculum

Favorecer el open data, y ponerlo al servicio de la acción pública, al mismo tiempo que pondrá en valor la neutralidad de la red. Sin embargo cree necesario que los creadores de contenidos (YouTube, Netflix) colaboren financieramente en la modernización de infraestructuras para que el usuario cumpla sus expectativas

Carta de identidad biométrica, para casi 60 millones de franceses. Un sistema para identificar en cualquier momento a cualquier ciudadano. Una medida controvertida, por poner en jaque la privacidad de las personas, pero que es defendida por amplios sectores tras las situación de pánico social vivida en los últimos meses tras los atentados en diferentes puntos del país.

Utilización del voto electrónico, al considerar que en pleno siglo XXI, es paradójico seguir usando la papeleta electoral (« il est paradoxal qu'en 2015, le vote se fasse encore par dépouillement manuel »)

El resto del programa puede ser consultado en su web https://www.fillon2017.fr/participez/numerique/ aunque los puntos expuestos no sirven para ver cómo el escenario político comienza a darse cuenta de la importancia de disponer de una red telemática fuerte para poder afrontar un futuro que ya estamos viviendo.

7 dic. 2016
¿Aporta alguna mejora el informe PISA?

La OCDE ha vuelto a publicar su visión sobre el estado de la educación con los datos obtenidos tras haber realizado una prueba de dos horas a medio millón de alumnos de 72 países. Sus conclusiones han sido publicadas y puestas de largo en un colorido y adornado documento, el temido y más manoseado que leído informe PISA. No es la primera vez que tratamos en el tema en esta página, y esta vez no podría ser una excepción.

Está claro que los sistemas educativos no pueden limitarse a echar balones fueras, y que deben asumir su papel de agente de primera linea en el proceso de formación de nuevos ciudadano. Pero el nivel del sistema educativo y su mejora o su decadencia se deben a múltiples elementos, y el planteamiento de un escenario monocausal es pura falacia conceptual. Por ello, cabe objetar diversas cuestiones a los resultados de globalizado informe.

¿Es coherente que una institución de corte económico y empresarial se ocupe de una evaluación educativa? La Organización para la Cooperación y el Desarrollo Económicos(OCDE) es un organismo de cooperación internacional, compuesto por 35 estados, cuyo objetivo es coordinar sus políticas económicas y sociales. La institución vela por "Restablecer la confianza en los mercados y en las instituciones que los hacen funcionar." Su principal objetivo es económico, por lo que a priori ya procede cuestionarse la pertinencia de su presencia en este tipo de procesos. Porque además, irrumpen en el aula no sólo como observadores o colaboradores, sino que su Secretario General, Ángel Gurría, llega a firmar que es "el principal baremo mundial para evaluar la calidad, equidad y eficiencia de los sistemas educativos". Si la situación fuera inversa y una institución educativa auditara al mundo empresarial, los resultados obtenidos no serían tomados en cuenta.

¿Están contextualizados los exámenes? ¿Son pertinentes este tipo de pruebas? Cada vez más, las nuevas pedagogías reniegan de las pruebas de evaluación estándar en pro de una educación más inclusiva y menos inclusiva. El examen convencional por escrito ha sido puesto en tela de juicio en los últimos años, propugnando una evaluación individualizada. Un cuestionario homogeneizado para aplicar en 72 países rompe con estas tendencias. Por otra parte, al tratarse de una prueba estándar, puede estar más próxima de unos sistemas que de otros, favoreciendo a aquellos con los que sea más afines. Esta situación se puede comparar con la que se dio con los primeros test de inteligencia creados en Estados Unidos, diseñados por psicólogos de cultura occidental. Evidentemente, los entrevistados que compartían valores culturales con los diseñadores de los cuestionarios, obtenían mejores resultados

¿Qué espera una sociedad de su sistema educativo? Los sistemas educativos son un subsistema de la sociedad en la que se hallan inmersos. En un plano ideal y bien pensante, la escuela debería preparar las nuevas generaciones. Bourdieu ya denunció esta función reproductora del sistema educativo. Pero si nuestros escolares fallan, no todo se debe a la escuela. La escuela se ha convertido en un paño de lágrimas y los docentes deben cumplir funciones de enseñantes, padres, enfermeros, asistentes, amigos, psicólogos... La escuela ya no sólo enseña, sino que educa en el sentido más amplio de la palabra. A veces, incluso, la dimensión educativa y formativa se diluye ante la asistencial, convirtiendo los centros educativos en centros de acogida y custodia.

¿Caminan en la misma dirección sociedad y escuela? En el mundo postmoderno, escuela y sociedad han dejado de caminar de la mano. La primera ha quedado como una institución acomodada en sus privilegios, aislada del entorno sociocultural. La segunda prescinde de la dimensión formativa de la primera, y la sucesión de leyes y decretos educativos la relega a un segundo plano en el proceso que inicialmente se le había asignado.

¿Es compatible el cortoplacismo político con un proceso de formación integral? Desde que un alumno es escolarizado a los tres años hasta que sale a los dieciséis, pasan más de tres legislatura. Tiempo suficiente para numerosos cambios legislativos. En España desde 2002 hasta 2013 se aprobaron tres leyes diferentes. Una de ellas ni siquiera se llegó a poner en marcha y la última, implementada parcialmente, está siendo enmendada a varias de sus disposiciones y va camino de desaparecer antes de su completo desarrollo. Esta inestabilidad política crea planes educativos inestables, perjudiciales tanto para el alumnado, las familias como para la propia institución.

¿Qué papel tienen los educadores secundarios? Además de la familia y la escuela, el entorno se convierte en un agente educador cada vez más influyente. Internet y televisión son formadores de opinión y conforman una nueva forma de actuar y de relacionarse. La pantalla se convierte cada vez más en el elemento socializador y de referencia de muchos niños, convirtiéndose casi en referencia familiar en ausencia de unos padres cada vez más absorbidos por la sociedad de consumo y del implacable mercado laboral. Lo que nos lleva a la siguiente cuestión.

¿La televisión debe ser un elemento educativo? La pantalla se convierte en agente educador de primer orden. Como anticipó McLuhan, el medio es el mensaje, y se convierte per se en un argumento de autoridad. Y ese es un gran problema, pues los contenidos de calidad no son los más abundantes. Nos encontramos ante una belenestebanización de la sociedad, con consumidores pasivos de productos escoria. El personaje extrarradio se convierte en héroe en este tipo de emisiones, lo que genera legiones de adolescentes que descartan las acciones formativas frente a una realidad televisiva que refleja el éxito de la mediocridad.

Quizá tengamos lo que nos merecemos. Quizá tenga razón el informe PISA. Pero quizá sería más interesante y fructífero que esa evaluación se hiciera a los adultos, a la propia sociedad. Tal vez escucharíamos muchas conclusiones que no nos gustarían en absoluto.

18 dic. 2016
Redes de solidaridad

La red es un escenario humano, alimentado por sus grandezas y miserias. Y lo es desde que, a pesar de ser una tecnología puntera en la historia de la humanidad, fue puesta a disposición del ciudadano final. Y ésto no ha sido algo habitual, pero la dimensión mercantil del fenómeno ha sido predominante a la hora de poner una conexión ubicua al alcance de cada comprador.

Y esa conexión ubicua, recolectora de todos los movimientos del usuario, al que a veces convierte en esclavo al servicio del producto, la que ha posibilitado una red de interconexión de dimensiones planetarias. Frente a los factores negativos, de supracontrol, de delitos telemáticos, estafas, asaltos, bulos o robos de identidades encontramos una red solidaria que se apoya en este soporte tecnológico para ampliar sus vínculos y conseguir acciones que mejoren la sociedad Y en esta línea, podemos destacar la campaña iniciada por Pablo Ráez.

Pablo Ráez es un joven deportista al que se le diagnostico le leucemia. Como una medida más para luchar contra la enfermedad, difundió a través sus cuentas de Facebook e Instagram sus sensaciones, avances y retrocesos, generando empatías que llevaron al que el número de donantes en la provincia de Málaga se multiplicara por diez en sólo un mes Sin duda, un gesto muy necesario que nos ayuda a a mantener la esperanza en el ser humano, cada vez más materialista e individualista.

25 dic. 2016
Hasta que el óxido nos separe

Que la robótica despierta pasiones no es algo que nos extrañe, pero que lo haga hasta el punto de provocar enamoramientos entre humanos y sistemas cibernéticos es algo cuando difícil de creer. Al menos de momento y dentro de los límites actuales de la tecnología de consumo. Sin embargo, salvadas estas limitaciones coyunturales y amparadas en licencias creativas y artísticas, el mundo del cine ha recurrido en más de una ocasión a este punto de partida. Como ejemplo, la película Her, dirigida por Spike Jonze y estrenada en 2012, cuenta la historia de un escritor solitario, encarnado por Joaquin Phoenix, que se enamora de un sistema operativo super inteligente, a quien pone voz Scarlett Johansson. A partir de esta premisa de partida, cabe sin duda plantearse una serie cuestiones que puedan rondar entorno al aura digital en el que vivimos sumergidos ¿Dónde está el límite entre lo físico y lo lógico, entre lo digital y lo analógico? ¿Puede llegar a tener sentido un vínculo más próximo entre hombre y máquina?

Pero no nos engañemos ni tratemos de poner límites escudándonos en sintaxis sociales previas a la revolución digital. La idea, al ritmo que avanza la tecnología, no es tan descabellada. A fin de cuentas la Unión Europea está barajando la idea de que los robots sean unos contribuyentes más y coticen al estado del bienestar. Por lo tanto, y aceptando el papel de cuasi ciudadano de estas creaciones ¿podríamos denegar, llegado el caso, la unión civil entre un humano y un humanoide? Algunas páginas francesas de entretenimiento difundían hace unos días la noticia de una chica francesa de 29 años, Lily, que afirmaba que estaba enamorada de su robot, al que conocía mejor que a ninguna otra persona tras haber convivido un año. Es difícil contrastar la veracidad de la información, pero sin duda nos sirve como punto de partida para la idea planteada en este post.

31 dic. 2016
Cuando el peligro se viste de prada

Estamos acostumbrados a escuchar noticias de los peligros que provienen del lado oscuro de la red: robos, suplantación de identidades, acoso... Sin embargo el peligro puede venir desde cualquier lado. Las compañías de comunicaciones son un buen ejemplo de ello: ofertas que no son tal, servicio postventa deficitario o amenazas forman parte del catálogo de recursos de estas empresas. ¿Porque resulta tan fácil hacer un contrato y tan difícil rescindirlo? ¿Por qué una publicidad que asegura "un precio para siempre" tiene una cláusula en el contrato que la contrarresta? ¿Por qué es tan sencillo suscribirse a un servicio premium y casi una odisea salir del problema? Hay que andarse con mil ojos y estar alerta cuando operemos en este tipo de escenarios ya que en ocasiones el demonio se viste de Prada.

88 ¿Hacia dónde vamos?

www.antropiQa.com

www.alfonsovazquez.com

www.ingramcontent.com/pod-product-compliance
Lightning Source LLC
Chambersburg PA
CBHW072231170526
45158CB00002BA/847